079 希望別人怎麼對待你，就先怎麼對待別人 128
080 謹記對任何人說話都應有禮 130
081 讚美話語的驚人力量 132
082 不著痕跡地指出對方的優點 134
083 真誠讚賞的力量 之一 135
084 真誠讚賞的力量 之二 137
085 成功人士也會追求讚賞 139
086 不忘對家人說出讚賞的話語 141
087 婚姻生活是一種「相互體貼」 142
088 擄獲異性的祕訣 143

3 如何讓別人接納自己的想法 145

089 維護對方的尊嚴 146
090 爭辯之下無贏家 147
091 避免爭辯才是明智之舉 149
092 即使貫徹個人的正義，也毫無意義 150
093 爭辯無法解決任何問題 151

094 向對方表達你的敬意 152
095 做出讓步 154
096 比起爭辯，體諒才是上策 155
097 禮讓才是上上策 156
098 不過度堅信自己才正確 157
099 尊重對方的意見 158
100 開導人時要不著痕跡 159
101 不能直接說「你錯了」 160
102 人一旦被指出錯誤，就會變得固執 162
103 溫和的關懷才能讓人打開心扉 164
104 辱罵和嘲笑毫無意義 166
105 要記得保持謙虛的態度 167
106 坦率承認自己的錯誤 169
107 當自己正確時，當自己錯誤時 170
108 檢討自己能夠消除對方的敵意 171
109 化敵為友的魔法 173
110 滿足對方的自尊心 175
111 憤怒只會招來憤怒 177

How to Win Friends & Influence People

Dale Carnegie

超譯卡內基

溝通與人際關係的181則箴言

戴爾・卡內基——原著　弓場 隆——編譯　羅淑慧——譯

超譯卡內基

溝通與人際關係的 181 則箴言

戴爾・卡內基　原著
弓場隆 —— 編譯
羅淑慧 —— 中譯

關於戴爾・卡內基

原作者戴爾・卡內基（Dale Carnegie）出生於一八八八年，是密蘇里州的農家次子。他從小就過著每天忙於農務與家畜照料的日子，在高中時期參加辯論社，學習演講的訣竅，之後進入當地的教育大學就讀。據說因為家中貧困，他因此每天騎馬進城上學，在馬背上努力練習演講。在參加多場辯論比賽，贏得多項殊榮而打響名號後，他開始教導慕名而來的學生談話技巧，以貼補生活開支。

大學畢業後，他靠著函授課程與食品公司的銷售員工作賺取資金，並打算用那筆資金前往紐約從事成人教育❶講師工作，但未能如願。之後，他進入戲劇學校，立志成為演員，卻在巡演舞臺上發現自己並不適合當演員，因而再次感受到挫折。

儘管失業後一度迷失了方向，不過，他還是很快就重新振作，打算發揮學生時期的專長——靠教授談話技巧來謀生。結果，他專為商業人士所開設的教室，不僅引起了極大的迴響，更為自己的人生帶來了轉機。當時，有位偉大實業家安德魯・卡內基（Andrew Carnegie）被譽為「鋼鐵大王」，雖然他們彼此並沒有血緣關係，不過，卡內基卻因此而把自己的姓氏拼寫正式從Carnagey變更成Carnegie。之後，他租借了安德魯・卡內基在紐約建造的音樂殿堂「卡內基音樂廳（Carnegie Hall）」，在大批群眾面前舉辦了期盼許久的演講大會。

❶ 這裡指的是十九世紀末至二十世紀早期流行於美國的「肖托夸（Chautaucua）」成人教育運動。是一種涵蓋娛樂、音樂、演講等課程的集會活動。

他所開設的戴爾・卡內基研究所正是為了推行談話技巧與人際關係原則而設立，至到所長卡內基在一九五五年過世之前，已經在超過十五個國家、地區設立分支機構，同時更擁有多達四十五萬名的聽講生。戴爾・卡內基研究所因知名人士輩出而聞名，其中包括了在之後成為全球頂尖投資家的華倫・巴菲特（Warren Edward Buffett）。

卡內基和他最愛的女性結婚後產下一女。桃樂絲夫人（Dorothy）是位性格開朗、總是滿臉笑容的女性，一直陪伴在煩惱不斷的丈夫身邊為他加油打氣。在卡內基過世後，戴爾・卡內基研究所之所以能夠擴大發展，在九十餘個國家、地區擁有累計多達九百萬名的聽講生，最大的主因就在於她出色的經營手腕。

卡內基有許多本著作，其中的代表作《卡內基溝通與人際關係：如何贏取友誼與影響他人》（How to Win Friends and Influence People）更被視為自我啟發書籍的頂點，是超越文化差異、暢銷全球的知名著作。

說到卡內基與日本之間的關聯，就是他曾在一九三九年和一九五三年參訪日本。卡內基當時造訪日本的目的是演講和觀光，他走訪了東京、橫濱、鎌倉、輕井澤、熱海、岐阜、伊勢、鳥羽、京都、奈良、廣島、下關等地區，在充分感受各地的美麗風景和人情之後，心滿意足地回國了。

序文

一本教導人們如何理解人類的本質，如何與人打好關係、讓自己受人歡迎，並獲得他人贊同的實用書籍，對社會來說確實是必要的；但在我的經驗中，卻未曾看到那樣的書籍，這也是事實。

於是我便試著親手寫出這樣的書，也就是這本書。我認為它肯定能受到大家的喜愛。

撰寫這本書的時候，我參考了許多知名心理學家的著作。我甚至還透過自傳和傳記，研究了名留青史的偉人們在經營人際關係上實際做過的事。

然後我舉辦了研討會，請參與者在工作和私生活中試著去執行這些建議。他們對自我啟發深感興趣，對於人際關係原則的全新挑戰也感到興奮莫名。

這本書是藉由許多人的經驗所孕育而出的劃時代著作。我提倡的人際關係原則既不是單純的理論，也不是推論。這些方法有著宛如魔法般的效果。或許各位讀者難以相信，但只要把這些原理應用在日常生活上，就能讓許多人的人生產生急遽的變化。

介紹幾個具體範例吧！

有位旗下擁有約三百名員工的公司經營者參加了這場研討會。近幾年來，這位老闆總是不斷批評員工，不留情面地責罵員工，從不願開口說出半點慰勞或鼓勵的話。但在學習了人際關係的原則，讓他的人生哲學為之一變後，組織裡面便充滿了忠誠、熱情和團隊默契。

這位公司經營者在研討會的演說上自豪地說。

「以前，我走在公司裡的時候，沒有半個員工會轉頭跟我打招呼。但現在，他們都對我十分友善。」

據他表示，在自己改變的同時，公司的營業額也跟著成長，經營上更有餘裕；更重要的是，不管於公於私，他都感覺比過去更加幸福。

也有許多其他公司的銷售員運用人際關係的原則，讓銷售額急速上升，同時也開拓了新事業。據說某家公司的高級主管因為脾氣火爆，動不動就與人爭吵，因此被貼上失職的標籤。眼看就要被降職之際，他也運用了人際關係的原則，最後不但免於降職，甚至還在六十五歲的時候如願獲得升遷與加薪。

另外，許多主婦也證實，「多虧丈夫參加了研討會，家裡才會變得圓滿。」

有位居於紐約、畢業於哈佛大學的富有實業家說過，「關於『贏取友誼與影響他人』的這個主題，我在這場研討會學習到的內容，遠比我在大學四年學到的更多。」

各位也可以將其視為無稽之談，一笑置之。不過我只是單純在陳述事實而已。

知名心理學家威廉•詹姆士（William James）曾說：

「人類擁有各種平常沒發揮出來的力量，但卻生活在比自己的極限更狹小的範圍裡。」

這本書的目的就是幫助大家挖掘、開發並發揮「各種平常沒發揮出來的力量」，並能從中獲益。衷心期盼大家能充分運用這本書的知識，實現偉大的成就。

D•卡內基

目錄

關於戴爾・卡內基 002
序文 006

1 待人處世的基本技巧 023

001 不傷害對方的自尊心 024
002 不試圖讓對方承認錯誤 025
003 人類是一種感性的生物 026
004 人被自尊和虛榮所驅使 027
005 不對他人拋出毒舌言論 028
006 絕對不說人壞話 029
007 同理他人的心情 030
008 天底下沒有完美的人 031
009 以讚美取代責罵 032

010 優秀人物的證明 033
011 尊重對方的自尊心 034
012 讚美使人成長 035
013 不挑人毛病 036
014 不批判他人 037
015 人人都會認為「不是自己的錯」 038
016 不取笑他人 039
017 不對他人下定論 041
018 與其檢討他人的缺點，不如先修正自己的缺點 042
019 就算指責他人，也無濟於事 043
020 促使他人行動的唯一方法 045
021 人人都喜歡受到讚美 047
022 人類會致力於滿足自尊心 048
023 激勵他人的最佳方法 049
024 不論在公開場合或私底下，都該讚美對方 051
025 與其責備，不如讚美 052
026 給予讚賞，建立自信 053
027 不忘讚美你的家人 055

028 不是只要奉承就能湊效 056
029 奉承和讚美話語的不同之處 057
030 只要你願意，隨時都可以給予讚美 058
031 人會對實現願望的方法深感興趣 059
032 只要懷抱願望，就能產生動力 060
033 促使他人行動的訣竅 061
034 不試圖靠爭論取勝 062
035 站在對方的立場思考 063
036 銷售的祕訣所在 064
037 試著成為對方的助力 065
038 為了實現對方的願望而努力 066
039 將對方的願望和自己的願望相互連結 067
040 讓對方覺得那是他的點子 069

2
如何讓自己受人喜歡 071

041 每個人最關心的都是自己 072
042 對他人抱持純粹的關心 073

043 對所有人真誠以待 074
044 好的讚美會為你帶來好處 075
045 為對方花些時間和精力 076
046 記住朋友的生日 077
047 笑容的價值更勝任何珠寶 079
048 笑容比言語更有傳達力 080
049 假笑只會造成反效果 081
050 每天持續保持微笑 082
051 藉由微笑與對方心靈相通 084
052 只要採取幸福的行動，就能產生幸福感 085
053 如何讓自己隨時受歡迎 086
054 拿不出笑容的話，就別做生意 087
055 笑容能夠療癒人心 088
056 記住對方的名字 090
057 搞錯對方的名字會招致憤怒 092
058 增加自己的戰友 093
059 讓對方位居上風 095
060 重視他人的名字 097

061 不要吝於記住別人的名字 099
062 先叫出名字再搭話 100
063 記住他人姓名的祕訣 102
064 人們喜歡願意傾聽自己的人 104
065 傾聽對方，由衷讚美 105
066 談生意的祕訣 107
067 傾聽是最佳的客訴對策 108
068 徹底傾聽對方的話語 110
069 善於傾聽，比能言善道更討喜 112
070 光是傾聽就能療癒對方 113
071 一味談論自己會遭人討厭 115
072 能言善道的訣竅 117
073 如果希望引起對方注意 118
074 事先調查對方感興趣的事 119
075 以對方感興趣的事做為話題 120
076 自己的事擱一邊，先談論對方感興趣的事 123
077 與其博取對方注意，不如先關心對方 124
078 在不期待回報的前提下讚美對方 126

112 營造友好的氛圍 178
113 表現友好姿態，而非講大道理 180
114 一滴甜蜜勝於苦茶 181
115 友善以對 182
116 當你有所求時，更該採取友好姿態 184
117 北風與太陽 186
118 先讓對方開口說「好」 187
119 造成聽者反感，沒有任何好處 189
120 多提出幾次讓對方回答「好」的問題 191
121 不打斷對方說話 192
122 專心傾聽的效果 193
123 讓對方成為贏家 195
124 不驕傲自滿 196
125 不強加自己的想法，讓對方自己想 198
126 不強迫對方 200
127 讓對方自行思考 202
128 讓對方自行決定 204
129 讓人以為那是他自己的主意 206

130 以理解取代譴責 207
131 談話時語帶沉穩，而非威脅 208
132 表現同理心 210
133 向對方訴諸道德規範 之一 211
134 向對方訴諸道德規範 之二 213
135 激發競爭心理 214
136 鼓舞激勵 216
137 訴諸追求卓越的願望 217
138 給予對方挑戰的機會 219

4 如何在不招致反感的情況下改變對方 221

139 表達不愉快之前，先讚賞對方 222
140 如何在一瞬間擄獲人心 224
141 要求對方注意時，先自曝過去的失誤 225
142 以提議取代命令 227
143 不可羞辱對方 229
144 費心維護對方的尊嚴 230

145 維護輸家的尊嚴 231
146 不在人前斥責他人 232
147 只要有些許進步，就給予對方讚美 233
148 讚美話語的驚奇力量 234
149 以讚美取代責罵，才能使人成長 235
150 總而言之就是讚美 236
151 在母親鼓勵下成為偉大歌手的人物 237
152 在讚美下成為國民代表作家的人物 238
153 被讚美後從絕望中振作，成為大作家的青年 240
154 讓人改變的魔法力量 242
155 在對方身上加諸期待 244
156 相信對方是正直的人 245
157 賦予對方頭銜和權力 246
158 馴服不良少年的方法 248
159 給人好印象的祕訣 249
160 立於他人之上 251

5 如何化敵為友 253

161 巧妙表達讚美，化敵為友 254

162 滿足對方的自尊心，讓對方敞開心扉 256

6 如何營造圓滿家庭生活 259

163 相互讚美 260

164 婚姻生活的成功祕訣 262

165 讚美妻子的手藝 263

166 讚美女性的穿著打扮 264

167 送花給你的妻子 266

168 婚姻生活是一連串的瑣碎小事 267

169 對另一半也要以禮相待 268

170 婚姻生活中的禮儀 270

171 幸福的婚姻生活不是偶然的產物 271

172 體貼對方 272
173 重視每一個瞬間 274
174 考慮對方的心情 275
175 結婚後也別忘了禮貌 276
176 衷心感謝另一半 277
177 比起工作，婚姻的成功機率更高 279
178 不要總把心力花費在工作上 280
179 在家裡不批評 281
180 責罵孩子之前 282
181 體貼年邁的母親 284
編譯者後記 286

1

待人處世的基本技巧

001

不傷害對方的自尊心

有句諺語是這麼說的：「若想採集蜂蜜，就不要破壞蜂巢。」

這是什麼意思呢？

一旦破壞蜂巢，就會遭到群蜂攻擊。因此如果想採集蜂蜜，就不可以做出那種粗暴行為，而是必須使用更妥當的方式來取得蜜蜂的協助。這是理所當然的事。

但很遺憾的是，我們甚少在平常的人際關係中記取這個教訓。我們總是會用導致對方反感的言行舉止破壞人際關係，企圖獲得對方的協助。

如果希望獲得對方的協助，就必須更加謹言慎行，避免傷害到對方的自尊心。不要脅迫對方，逼迫對方順從自己的要求。滿足對方的自尊心，展現出你期盼獲得協助的誠懇態度，肯定能讓彼此的合作更加愉快。

002 不試圖讓對方承認錯誤

如果你試圖透過口舌之爭使對方承認錯誤，終究會徒勞無功。對方可能因為自尊心受創而變得執拗，不願意承認自己有錯。

一旦指出對方的錯誤，自己的自尊心就能獲得滿足，心情也會為之一振對吧？甚至還能獲得優越感。然而，這樣做其實會付出極大的犧牲。為什麼呢？因為這樣會讓對方顏面盡失，產生憤怒的情緒。

千萬別以為對方會心甘情願地伸出援手。就算有時對方看起來像是在幫助你，但因為你得不到對方的好感，最後會因而失去自己的聲望。

003

人類是一種感性的生物

我們常說：「那個人性情捉摸不定，很難相處」。但請絕對不要忘記，其實你自己也是半斤八兩。

實際上，撇開程度差異不說，就算說每個人的性情都捉摸不定，也一點都不為過。理由在於：不管以什麼樣的邏輯來看，人類終究是一種感性的生物。依邏輯思考、憑感情行動，正是人類的本質。若要促使他人行動，就必須先理解這一點。

004 人會受到自尊和虛榮心驅使

人類不是絕對理性的生物，而是一種感性的生物——當你與人接觸時，把這件事銘記在心吧！每個人或多或少都有成見，也都會受到自尊和虛榮心所驅使。

因此，如果希望能影響對方，不論對方抱持什麼樣的立場，都必須注意滿足對方的自尊心。

005 不對他人拋出毒舌言論

不論自己再怎麼確信你的批評站得住腳，遭受批評的人還是可能在心底留下揮之不去的傷害。

如果你希望對方在某些情況下，即使過了幾十年仍對你懷恨在心的話，那就儘量傷害對方的自尊心，拋出毒舌言論吧！

006
絕對不說人壞話

班傑明・富蘭克林（Benjamin Franklin）年輕時沒什麼心眼。當初，他原本只是個印刷工，但隨著年齡增長，他待人處事的態度逐漸變得圓滑，最終成為名聲響亮的外交官。

根據他的說法，他的成功祕訣就在於不說任何人的壞話，只點出所有人的優點。」

但在碰到麻煩事時，許多人都會忍不住說人壞話。愚昧的人更是如此。事實上，愚昧的人最喜歡醜化他人、埋怨自己受到不平的對待。

007

同理他人的心情

若要理解他人、原諒他人，就必須發揮自制力。如果沒有健全的人格，就沒辦法做到這點。

隨時抱持對他人的同理心，不要批判他人。試著想想那個人為什麼會那麼做。這樣做遠比批判他人更有幫助，且更有意義。而且還能讓你培養出同理、寬容和仁慈的心。

008 天底下沒有完美的人

世上沒有完美的人。所以，當你想找出別人身上的缺點時，要找多少就有多少。但你在做出這種事、評判他人之後，究竟能得到什麼樣的好處呢？

就連上帝，都不會在審判日來臨前審判人類。更何況是人類自己，我們真的有那個資格審判他人嗎？

009

以讚美取代責罵

沒有人喜歡被貶低。也沒有人樂意被訓斥。更沒有人會因為被責罵而開心。任何人都一樣，一旦遭受批判，都會心生不悅、喪失鬥志。

不過一旦被讚美，任何人都會感到心情愉悅、衝勁十足。如果想打動人心，最重要的事情就是指出對方的優點、激勵對方，讓對方產生想付諸行動的衝勁。

010 優秀人物的證明

所謂的優秀人物是指什麼樣的人物呢？

英國的思想家湯瑪斯‧卡萊爾（Thomas Carlyle）說：「優秀的人物不論面對什麼樣的人，都會採取最佳的應對方式。」

011 尊重對方的自尊心

實業家約翰‧沃納梅克（John Wanamaker）曾經自曝，「指責他人是非常愚蠢的行為，這個教訓我早在三十年前就學會了。」

沃納梅克很早就學會那個教訓了，但是我卻直到三十多歲才領悟到這個道理。因為大多數的人不論犯下什麼錯，都不會輕易承認自己的錯誤。

指責他人不會讓你得到好處。因為對方會為了明哲保身，試圖將自己的過錯合理化。

指責他人是非常危險的事。因為這會傷害到對方的自尊心，招致對你的反感。

012

讚美使人成長

不管你再怎麼囉嗦，對方也不會聽進半句話。當然，如果稍加威脅，或許對方會老實聽話，但這畢竟不是出於自願，所以只能得到暫時性的效果，也恐怕會讓你招致反感。

讓我告訴大家打動人心的祕訣吧！那就是讚美對方的優點，滿足對方的自尊心。如果不這樣做，就無法讓對方樂於行動。所謂的人類就是如此。

013

不挑人毛病

德國軍隊嚴禁士兵在發生任何糾紛後發出抱怨或是指責他人。士兵若有不滿，軍方會要求士兵睡一晚，讓自己恢復冷靜。如果馬上出口抱怨，就會遭受處罰。

我們的日常生活不也可以採用同樣的原則嗎？嘮叨的父母、經常碎唸的妻子、斥責下屬的上司，所有喜歡挑人毛病的人都應該受到處罰。

為什麼呢？因為這樣的行為不會帶來半點好處。「在那種狀態下，我也沒有其他辦法。」大多數情況下，無論你再怎麼追根究柢，對方頂多只會做出這樣的辯解或莫可奈何的回答。

014

不批評他人

即使是行事作風再怎麼正派的人，仍有可能不先檢討自己，而是去責備他人。這就是人類的本質。

當遭受批評時，任何人都會認為並不是自己的錯。所以，如果在你想批評他人時，還請將這點銘記在心——做這些事對你沒有半點好處。

當你批判他人時，批判就會像一隻信鴿般，終究會飛回你身邊。不論做出多少批評，試圖讓對方改過自新，對方還是會反駁道：「你有資格批評別人嗎？」反過來批評你。

015

人人都會認為「不是自己的錯」

不論是什麼樣的暴徒，都會聲稱自己「內心善良，站在正義的那一方」。對此，我和監獄的典獄長曾經有段有趣的談話。

據典獄長表示，幾乎沒有哪個罪犯認為自己是個壞人。罪犯認為自己跟一般人沒兩樣，不管是搶銀行也好、殺人也罷，他們總會辯解，「在那樣的狀態下，我只是迫於無奈」。姑且不論他們的論點是否合理，多數人都會把自己的反社會行為合理化，並且聲稱「自己明明就沒做過什麼壞事，卻不明不白地被關進監獄裡」。

就連被關進監獄的罪犯都會主張自己沒錯。更何況是平凡的社會大眾呢？

016 不取笑他人

亞伯拉罕・林肯（Abraham Lincoln）是知名的人際關係專家。那麼，他有沒有批評過別人呢？

答案是「有」。年輕時期，他曾頻繁寫信取笑、羞辱他人。而其中一封信引起了莫大的怨恨。

政治家詹姆斯・席爾斯（James Shields）是個自視甚高且脾氣暴躁的人，林肯為了嘲笑他而寄了匿名信給報社，結果被眾人引為笑料。自尊心受創的席爾斯當然大發雷霆，馬上揪出寫信的人，並投下戰帖，準備在戶外和林肯決鬥一番。幸好，雙方的同行者在最後一刻出面協調，中止了這場決鬥。

這是林肯生涯中最晦氣的事情。他從這個經驗中學到了人際關係的鐵則，同時也決定以後再也不嘲笑他人。

從那個時候開始，他便把「不抱持惡意、以仁慈之心待人」的態度銘記於心，再也不批評任何人。

017

不對他人下定論

不可以對他人妄加定論。只要試著站在對方的立場想一想，應該就能馬上理解。你應該也不會想被別人妄加定論。

018

與其檢討他人的缺點，不如先修正自己的缺點

或許你會想修正一個人的缺點，好讓他成為更加出色的人。這的確是美事一樁。

但在那之前，或許你應該先修正自己的缺點，讓自己成為更加出色的人。這樣做對你而言應該更有幫助，而且也不會傷害到對方的自尊心，更不會引起反感。

如果想讓自己成為更出色的人，就算從今天開始努力，最快也要到下個聖誕節來臨時才能看到成果。既然如此，不如讓自己在年底之前好好享受休假，至於對方的缺點，就留到明年再說吧！

總之，先努力讓自己成為更加出色的人吧。

孔子也曾說過：「各人自掃門前雪，莫管他人瓦上霜。」

019 就算指責他人，也無濟於事

林肯總統命令北軍的米德將軍（George Gordon Meade），逮捕南軍的李將軍（Robert Edward Lee），希望藉此終止南北戰爭。然而，米德將軍卻用盡各種藉口，拒絕行動。最後，李將軍帶著軍隊順利逃亡成功。林肯勃然大怒，寫了一封信給米德將軍。

「看來你根本不知道事情的嚴重性。我已經對你沒有任何期待了。對於你放棄絕佳機會的做法，我感到相當失望。」

米德將軍讀了這封信之後，會有什麼看法呢？

其實，米德將軍根本沒收到這封信。因為林肯並沒有把那封信寄出去。那封信是在林肯死後，才從一堆文件中被發現。

林肯在寫了這封信之後，心裡一定是這麼想的：「慢著。如果把這封信寄出去，或許可以發洩我的憤怒；但米德可能會把自己的行為合理化，心生不滿而反過來指責我。這還有可能讓在他無法發揮長才的情況下萌生退意。」

再怎麼指責，對方也未必會反省，反而還可能心生不滿，反過來怨恨你。

020 促使他人行動的唯一方法

促使他人行動的方法只有一個：就是讓對方產生想採取行動的念頭。

當然，你可以用槍抵著對方，讓對方乖乖聽話；也可以威脅要開除對方，要求員工聽命於你；你也可以揮舞鞭子，讓孩子聽從你的命令。但是，這些粗陋的方法卻只會導致不良的結果。

促使他人行動的方法，就是給對方他想要的東西。

那麼，對方想要的是什麼呢？

根據二十世紀最優秀的心理學家之一佛洛伊德（Sigmund Freud）所言，人類的行動出於兩個動機：追求性慾的滿足，或是希望成為偉大人物的渴望。

美國的思想家約翰•杜威（John Dewey）則是採用稍微不同的表現。他說：「人類心底最強烈的衝動，就是渴望成為最重要的人。」

每個人都渴望自己能「被看重」。所以，滿足對方的那份渴望，正是促使人行動的祕訣。

021

人人都喜歡受到讚美

人類所追求的事物並不多。其中，有八種無論如何都需要滿足的需求除了食物、性、睡眠這三大需求外，需要被滿足的還有金錢、健康、自己未來的幸福、兒女的幸福，以及自尊心。

其中最難滿足的就是自尊心，也就是希望他人能夠看重自己的渴求。

林肯寫過這麼一句話，「人人都喜歡受到讚美」；心理學家威廉・詹姆士則說：「人類本質中最殷切的需求就是渴望被認同，被當成重要人物看待。」值得注意的是，威廉在這段話當中使用的字眼不是「希望」，而是表現更加強烈的「渴望」。

每個人都渴望聽到讚美的字句。唯有能用真誠去滿足內心渴望的少數人，才可以打動對方的心。

022

人類會致力於滿足自尊心

渴望滿足自尊心的想法是，人類身上最明顯的特徵之一，這是動物身上所沒有的。也就是說，人們會努力做出成績，希望獲得周遭的認同，讓自己成為重要的人。如果我們的祖先沒有渴望滿足自尊心的念頭，文明就不會進步。如果沒有渴望滿足自尊心的想法，我們現在應該跟動物沒什麼兩樣。

一名在雜貨店工作，沒有受過教育的貧困學生，為了滿足自尊心而決定攻讀法律，最後成為一名律師。他的名字就是亞伯拉罕・林肯。

還有另一位為了滿足自尊心而留下不朽名作的人物。那就是家中面臨破產，生活陷入極端貧困，最後，寫出《雙城記》、《小氣財神》等小說的英國國民作家——查爾斯・狄更斯（Charles Dickens）。

023

激勵他人的最佳方法

實業家查理斯・夏布（Charles Schwab）之所以能夠在商場上贏得成功，主要的原因就在於他懂得如何與人相處。他應該把他的成功祕訣寫在紙上，裱框懸掛在全國的家庭、學校、職場才對。只要遵循那個祕訣，你的人生將會有極大的轉變。

「挖掘出對方優點的唯一方法，就是讚美和激勵。上司、老師或雙親的批評，會讓人喪失努力的衝勁。給予對方想努力的契機是非常重要的。所以我絕對不會說出批評的話語，也不會挑別人的毛病。只要有我喜歡的地方，我就會毫不吝嗇地給予讚美。」

這就是在歷史上留名的偉人夏布的信念。然而，幾乎多數人都是採取完全相反的做法。只要有什麼不滿意，就會馬上開口批評；就算感到滿意，也絕對不給半點讚美。夏布還進一步指出：

「和世界各地的政商名流往來之後，我發現不管是多位高權重的人都一樣人在受到讚美的時候，工作的效率往往會比被貶低的時候更好。」

這種情況不僅限於政商名流，也同樣適用在一般人身上。

024 不論在公開場合或私底下，都該讚美對方

安德魯・卡內基是出生於蘇格蘭的貧窮移民。他一開始只是在工廠工作的勞工，後來得以用實業家的身分踏入鋼鐵業。他在業界嶄露頭角，積累了巨額財富，晚年更成為相當知名的慈善家。

原本身無分文的卡內基能達到這般令人驚異的成就，他的祕訣究竟是什麼？那就是：不論是在公開場合或是私底下，他總是樂於讚美他人。

卡內基甚至連逝世之後也不忘讚美他人。生前，他親自寫下了這樣的墓誌銘：

「長眠於此的人，善於讓比他優秀的人為他工作。」

025

與其責備，不如讚美

約翰・洛克斐勒（John D. Rockefeller）出身貧戶，最終成為傑出實業家，成為全球首富的主要原因是，絕對不責備對方，總是衷心地讚美。

例如，洛克斐勒的合夥人在南美碰到詐欺，導致公司損失了百萬美元，相當於四成的資金。洛克斐勒得知此事之後，是否出口訓斥、責備？

完全沒有。因為他認為「那件事已經事過境遷」，甚至，他還反過來讚美合夥人。他讚美合夥人善盡了最大努力，讓公司回收了六成的資金，沒有造成更嚴重的虧損。

洛克斐勒是這樣慰勞對方的：

「做得很好。太好了。如果是我，恐怕沒辦法做出這樣的成績。」

026

給予讚賞，建立自信

因深受百老匯觀眾喜愛而聞名的戲劇製作人佛羅瑞茲・齊格菲（Florenz Ziegfeld），因具有「極力讚美女性舞者的能力」而聲名大噪。他善於讚美不起眼的平凡女性，讓她在舞臺上變身成充滿魅力的美女。因為參加他製作的戲劇而成為巨星的女演員不勝枚舉。那些女性被稱為「齊格菲女郎（Ziegfeld Girls）」。

因為齊格菲深知讚賞女性、為女性建立自信的重要性，所以女性能藉由他的溫柔與體貼，讓自己擁有美麗的自覺。當然，他不光只是出張嘴，同時也不會忘記現實方面的考量——他將歌舞女郎們的演出費從三十美元提升到一百七十五美元。

首演的初日，他必定會發電報給主演的女演員們，同時也會贈送玫瑰花束給每個歌舞女郎，非常貼心地顧慮到所有人。

027 不忘讚美你的家人

大家都知道，如果整整一週不給你的家人飯吃，就會構成犯罪。對人們來說，真誠的讚美也和三餐一樣重要，但是，人們不給予讚美的時間有時可能長達好幾年。百老匯的知名演員阿弗雷德‧倫特（Alfred Lunt）說：「對我而言最必要的，就是滿足自尊心的讚美話語。」

我們透過三餐提供營養給孩子和另一半，滿足他們的生理需求，但是，我們卻總是忘了滿足他們的自尊心。為了讓他們補充體力，我們給他們吃牛排、馬鈴薯，但卻忘了給他們衷心讚美的言語。不過只要願意讚美，你所說出的溫柔言語，肯定會像美妙的音樂那樣，永久留存在對方的記憶裡。

028

不是只要奉承就能奏效

有一部分的人會說：「我曾說過奉承的話，但根本行不通。尤其對聰明的人來說，更是起不了作用」。

奉承太過膚淺，缺乏誠意。因為讓人感覺到你心懷鬼胎，自然很難奏效。的確，為了獲得認同而努力的人，或許會因為奉承而感到欣喜。這就跟飢不擇食沒兩樣。

但和單純的奉承不同，真誠的讚美能夠觸動對方的心弦。其貌不揚的男性之所以能夠擄獲芳心，就是因為他們非常善於讚美女性。

029 奉承和讚美話語的不同之處

的確，維多利亞女王（Victoria）就對奉承沒什麼免疫力。實際上，首相班傑明・迪斯雷利（Benjamin Disraeli）就承認自己經常奉承女王。可是，畢竟迪斯雷利是個精明幹練的政治家，是善於運用語言的天才。即使是他能夠有效運用的方法，仍未必能在你我身上得到相同的效果。

長遠來看，奉承的害處遠多於益處。奉承就像假鈔一樣，如果真的拿來使用，終有一天會惹上麻煩。

讚美和奉承有什麼不同？

其實非常簡單、清晰。前者真誠，後者是謊言。前者是發自內心，後者則是口舌之快。前者是無私的，後者是自私的。前者為世人所愛，後者則為世人所憎惡。

030

只要你願意，隨時都可以給予讚美

偉大的思想家拉爾夫・沃爾多・愛默生（Ralph Waldo Emerson）說：「任何人都會有某些比我優秀的地方，所以一定有值得學習之處。」

既然愛默生都這麼認為，我們也更該如此。

暫時不去思考自己的功績或願望，努力找出對方的優點吧！然後真誠地讚美對方，而不是輕浮地奉承對方。只要這麼做，對方應該終其一生都會珍惜你的讚美。即使你之後忘了這件事，對方一定還是會時常回想起，並繼續對你抱持好感。

031 人會對實現願望的方法深感興趣

促使人行動的唯一方法，就是談論對方的願望，並告訴對方實現願望的方法。對他而言，你的願望是什麼並不重要。每個人都會想著自己的願望，並對實現願望的方法深感興趣。

如果你明天希望某人做些什麼，就想想這個方法。例如，假設你希望兒子戒菸，對他說教並不會有效果；就算向他表明你的願望，也不會有任何意義。最重要的，是要告訴對方實現他願望的方法。

所以你只要告訴他，如果他戒菸，就能在棒球隊上發揮實力，或是在短跑賽上贏得勝利就行了。總之就是要強調：只要戒菸，就能夠實現自己的願望。只要採用這種方法，就能在不脅迫對方、不破壞彼此關係的情況下解決問題。

032

只要懷抱願望，就能產生動力

自你出生以來，你的所有行為都是為了實現自己的願望。就算是把百萬美元捐給慈善機構之類的舉動也不例外。你之所以會那麼做，是因為希望藉由幫助他人的崇高行為，讓自己沉浸在通體舒暢的感受裡。這就是你實現自己願望的方式。

這件事就意味著：若要促使他人行動，就必須讓對方的心中懷抱想實現的願望。只要可以做到這一點，就能夠讓任何人成為自己的夥伴；如果辦不到，就只能永遠孤軍奮鬥。

033

促使他人行動的訣竅

如果希望促使他人行動，在開口之前先試著問問自己：「該怎麼做，才能讓對方產生想那樣做的念頭？」這樣一來，你就不需要白費力氣，企圖去說服對方為你做什麼事。

034

不試圖靠爭論取勝

最好儘可能避免爭論。如果你那樣做，只會導致事後的不愉快。證明對方的錯誤，不僅會傷害到對方的自尊心，也無法讓對方坦率地承認錯誤。

在爭論上贏得勝利，或許能夠讓你沉浸在優越感之中。但如果對方因此飽受屈辱，也會變得討厭你，而不樂於為你所用。

035 站在對方的立場思考

對於人際關係的技巧，實業家亨利・福特（Henry Ford，福特汽車的創辦人）是這麼說的：

「如果成功的祕訣只有一個，那就是要掌握這樣的能力：確實理解對方的想法，不要只站在自己的立場，而是站在對方的立場思考。」

這個道理十分簡單明瞭，不管是誰都能馬上知道他所言不假；但世界上卻有九成的人，有九成的機率都會忽略這一點。

036

銷售的祕訣所在

每天都有大批推銷員為了業績疲於奔命，但卻往往無功而返，搞得自己心灰意敗。

這是為什麼呢？

因為他們總是只想到自己要的東西；也就是說，大部分的推銷員只想著如何達到自己的業績，完全沒有察覺到對方根本不想買。

仔細想想吧！不管是誰，最關心的都是如何解決自己的問題。所以，只要讓對方知道自己的商品或服務能幫他們解決問題，就算不主動推銷，對方還是會主動購買。人人都希望自己是憑個人意志決定是否購買某項東西，而非被迫購買。

037 試著成為對方的助力

世界上充斥著一味追求個人利益的人，這就是目前的現狀。但其實，抱持著利他精神、試圖幫助他人的極少數人，才能獲得壓倒性的優勢。為什麼呢？因為競爭對手只有少數。

在奇異公司長期擔任會長的歐文•揚（Owen D. Young）如此斷言：

「能夠設身處地為他人著想、理解對方心情的人，完全不需要擔心將來。」

038 為了實現對方的願望而努力

許多人都在大學學習難懂的理論，但卻不瞭解人類的心理。例如，有位大學畢業、甫進入大企業的年輕人，在招募籃球社團參加者時是這麼說的：

「大家來打籃球吧！我想打球，但老是缺人組不了隊。希望大家明晚可以到體育館來，我真的很想打球。」

就像這樣，他只是陳述自己的願望，完全沒有顧慮到對方的願望。絕對不可以利用對方來實現自己的願望。別人追求的是精進球技、愉快玩樂、鍛鍊體力，所以他應該以此做為訴求。

激發對方內心裡的願望，並努力去滿足，就是促使他人行動的祕訣。如果瞭解箇中道理，就能讓對方照自己心意行動；如果無法瞭解，只會把對方推得更遠。

039 將對方的願望和自己的願望相互連結

有對父母十分擔心他們年幼的兒子。那個小男孩體重過輕，總是不肯好好吃東西，所以雙親總是跟小男孩說：「希望你能多吃一點，長得高大強壯。」

那麼，那個小男孩有沒有努力實現雙親的願望呢？

當然是沒有。於是，父親想到了一個把自己的願望和兒子的願望連結在一起的方法。小男孩很喜歡騎三輪車，但住在附近的大塊頭孩子時常欺負他，將他從三輪車上拉下來，把車子騎走。

當然，小男孩就會跑回家向母親求助。於是母親每次都得從欺負人的大孩子那邊把三輪車要回來，而這樣的事情幾乎每天都在發生。

小男孩的願望是什麼？不用說也知道。為了撫平受傷的尊嚴、滿足自己的自尊心，小男孩希望長高、變壯，對那個老是欺負他的大孩子還以顏色。於是，父親便趁機跟小男孩說：「你要好好吃飯，早日長高、變壯，才能給那個欺負你的人一點顏色瞧瞧。這樣講完，小男孩就終於願意乖乖聽話，好好吃飯了。

040

讓對方覺得那是他的點子

評論家威廉・溫特（William Winter）曾經說過，「自我表現是人類最基本的需求」。這種心理也可以應用在職場上。

當我們想到好點子的時候，我們會向對方主張那是我們自己的想法。

但如果不要做出這樣的主張，而是直接把想法告訴對方，試著讓對方有更多發揮，又會怎麼樣呢？也就是說，你要給對方自我表現的機會。最後對方會覺得那是他自己的點子，會喜歡上這個點子，同時也更願意付諸實行。

2

如何讓自己受人喜歡

041

每個人最關心的都是自己

比起等別人來關心自己，去關心別人更加重要。即使你試圖博取對方的關心最終也未必會有任何效果。因為其他人並不會特別去關心你或我，人們最關心的就是自己，而且成天都是如此。

例如，當你看到一張有自己在其中的團體照，你會最先去找誰？

如果你認為人們都在關心你，那請把手放在自己胸前，試著思考：「如果今天我死了，會有多少人來參加我的葬禮呢？」

如果你從不打算關心對方，對方又怎麼可能會關心你呢？

不論你怎麼費盡心思地展現自己、企圖博得對方的關心，還是不可能交到多少真誠的朋友。因為所謂真正的朋友，並不是靠這種方法結交來的。

042

對他人抱持純粹的關心

奧地利著名的心理學家阿爾弗雷德·阿德勒（Alfred Adler）說過一段耐人尋味的話：

「毫不關心他人的人，必定會在人生中遭遇重大的困難。人類的所有失敗，正是從這類人之中誕生的。」

也就是說，如果你老是只考慮自己，關心對方的動機不夠單純，就無法建立良好的人際關係，也就無法預見成功。

043 對所有人真誠以待

查爾斯•艾略特博士（Charles William Eliot）之所以能成為哈佛大學的傑出校長，就是因為他總是對他人抱持純粹的關心，並將這件事銘記在心。他從一八六九年開始擔任校長，一直到一九〇九年。在這長達四十年的期間，無論什麼人來陳情，他總是真誠地關心對方。

某位新生來申請獎學金的時候，艾略特校長批准了獎學金的申請。新生表達感謝之意，準備轉身離去時，校長開口說了「啊，請坐一下」，然後問道：「聽說你都在學生宿舍的房間裡自己煮東西吃，這樣能攝取到足夠的營養嗎？」並接著說：「其實我在學生時代也都是自己煮東西吃，所以格外注重平日的飲食」，悉心教導了那位學生各種方便的烹調方式。

044 好的讚美會為你帶來好處

每個人都喜歡讚美自己的人。不管對庶民或是君王都一樣。

就拿德國皇帝威廉二世（Wilhelm II）來說吧！在第一次世界大戰末期，他可能是全世界最令人討厭的人物。戰敗之後，他為了明哲保身逃亡到荷蘭，因而更加受到德國國民的憎惡。

在劇烈的憤怒漩渦之中，一名少年寫了一封信給他，信中寫道：「不論世人說了什麼，威廉二世永遠都是我最敬愛的君王。」皇帝看了信之後十分感動，於是便接見了那名少年，結果少年和自己的寡母一同現身。最後，皇后早一步離世的皇帝，便和那名女性結婚了。

那位少年並不需要讀這本書，因為他直覺上早已知道促使人行動的方法了。

045

為對方花些時間和精力

如果想結交朋友，就別追求回報，花些時間和精力做讓對方開心的事吧！英國的溫莎公爵（Duke of Windsor）還是親王的時候，在遠征南美前花了數個月的時間學習西班牙文。當他實際用西班牙文演講之後，便受到當地人們的熱烈歡迎。

如果有人願意花費時間和精力為自己做些什麼，我們都會相當感動。這是因為我們能深深感受到：「竟然有人願意為我做到這種地步。」思考對方喜歡什麼，然後誠心誠意地付出吧！

046

記住朋友的生日

長年以來，我習慣探問朋友的生日，然後把它記錄下來。在此分享一個能輕鬆問出生日，又不會讓對方覺得可疑的方法。

雖然我對星座沒什麼興趣，但我會問對方：「你覺得生日和個性有沒有關係？」接著說：「不介意的話，可以告訴我你的生日嗎？」對方回答之後，我會在腦海中重複那個日期，趁對方不注意時將名字和生日寫到紙上，最後再謄寫到筆記本裡面。

每年初，我會把朋友的姓名和生日寫在日曆上面，事先提醒自己。在對方生日將近的時候，我會把親筆寫上「生日快樂」的生日卡片寄給對方。這種做法總是能贏得不錯的評價。在這麼多朋友當中，能夠把對方的生日記下來的人，應該就只有我。

047
笑容的價值更勝任何珠寶

一名在紐約參加派對的女性，極力想給在場的賓客留下深刻印象。為此，她用自己所繼承的大筆金錢買了鑽石和珍珠，將自己打扮得珠光寶氣，但卻忘了修飾自己的臉部表情。她的臉上浮現出的是不愉快的表情。

看樣子，她似乎並不瞭解男性的心理。對男性來說，比起身上配戴的珠寶首飾，女性的臉部表情來得重要多了。（在你的太太跟你說：「我想買毛皮大衣」的時候，臉上的表情或許也能拿來當成藉口。）

048 笑容比言語更有傳達力

偉大的實業家查理斯•夏布說：「我的笑容價值百萬美元。」看來他非常了解何謂事實。他具有令人著迷的吸引力，那正是他成為傑出實業家的主要原因。而他最大的魅力之一，就是那從不間斷滿臉笑容。

俗話說：「行動比言語更具說服力。」這句話說得一點都沒錯。親切的微笑便是在告訴對方：「我喜歡你。我很高興見到你。」

049

假笑只會造成反效果

於公於私，贏得成功的祕訣就是對他人展現笑容。然而，如果不是打從心底發出的微笑，那就萬萬不可。那樣的假笑肯定會遭對方看穿，只會引起不悅。最重要的是，要展現出讓對方一見心暖的微笑。

某間大型百貨的人事經理說過，「面試銷售員的時候，比起難以親近的高學歷應徵者，我寧願雇用一個沒有學歷，但卻面帶笑容的應徵者。」

050

每天持續保持微笑

我曾以眾多商業人士為對象，要求他們每天不忘向旁人微笑，並且在持續實施一週後，於研討會上報告結果。最後得到了什麼樣的效果呢？

其中一名參加者是從事證券經紀人的男性，他提出了這樣的報告：

「我已經結婚近二十年了，但從早上起床後到出門上班的期間，我甚少對妻子嶄露笑容。因為我總是皺著眉頭。不過實施這個提案之後，我的人生有了改變。「每天早上，我都會對鏡子裡的自己說：『今天一整天，你都必須收起那張愁眉苦臉，並且露出笑容。』當我笑著對妻子說『早安』的時候，我的妻子大為震驚，不過我仍每天持續這麼做。結果，幸福就在我家降臨了。

之後，我甚至也會對公寓的保全、電車的售票員面露微笑。在證券交易所裡面也會對人笑容以待；即使面對客訴問題，也能用和藹可親的態度接待。結果，我在工作上獲得了很不錯的成果。看樣子，微笑似乎有帶來財富的力量。」

051 藉由微笑與對方心靈相通

我曾收到某位業務員的來信：

「我的業務夥伴一度認為我是個冷酷的人，但多虧我養成了微笑的習慣，大家才開始認知到，其實我是個充滿人情味的人。

「我現在已經不再批評他人，無論發現了別人的什麼優點，我都會馬上給予讚美。另外，我會努力理解對方的意見，不會再執著於自己的要求。這些態度從根本上改變了我的人生，讓我贏得了友情和幸福。我最終認為，友情和幸福才是人生中最大的意義。」

寫這封信的人，正是平日在業務場合和我激烈競爭的人物。

052

只要採取幸福的行動，就能產生幸福感

如果不喜歡笑，那該怎麼辦？

這個時候就算再不願意，也還是要微笑。如果旁邊沒有人，那就吹吹口哨，或是哼哼快樂的歌吧！只要採取讓人幸福的行動，就能產生幸福感。

哈佛大學的心理學家威廉・詹姆士教授這麼說：

「行為看起來像是伴隨感情而產生，但事實上，行為和感情是同時發生的。所以只要控制行為，就可以間接控制情感。因此如果想擁有愉快的心情，採取愉快的行動就可以了。」

只要你採取愉快的行為舉止，對方也會想跟著做出愉快的行為表現。

053

如何讓自己隨時受歡迎

聖路易紅雀（St. Louis Cardinals）的前三壘手法蘭克・貝特格（Frank Bettger），現在是全美最成功的保險業務員之一。他在好幾年前就發現：面帶笑容的人，走到哪裡都能受到歡迎。

於是，他前往顧客的公司之前，總是會停一停腳步，回想那些值得感謝的事情，然後帶著真誠的微笑走進顧客的辦公室。

「這個簡單的技巧，正是我在保險業務員的工作贏得成功的主因。」他如此說道。

054

拿不出笑容的話，就別做生意

中國古代的商人精於待人處事。我們應該把他們的格言銘記於心。那就是「人無笑臉莫開店」。

055

笑容能夠療癒人心

某位知名的文案寫手幫百貨公司撰寫了一篇妙語如珠的廣告：

微笑不需半點成本，卻能帶來龐大好處。
只要以笑容相待，就能使彼此的心變得富足。
會浮現出笑容，是為了把真心贈與對方。
即使只有一瞬間，在對方的記憶裡卻能永存。
微笑為家庭帶來幸福、為事業帶來繁榮、為人們帶來友情。
您的笑容可以撫慰疲勞的人們，為失落的人帶來勇氣、為煩惱的人帶來希望。

致親愛的顧客　如果本公司的銷售員因為疲勞而忘了微笑，是否能請您把溫柔的笑容帶給銷售員呢？因為愈是沒有餘力微笑的人，愈是需要真誠的微笑。

056

記住對方的名字

吉姆・菲利（Jim Fealy）年僅十歲就喪父，因此他必須在工廠工作維持生計，幾乎沒有多餘的時間上學。不過他為人和藹可親，所以十分受到喜愛，長大成人之後，他更成功踏進了政界，練就了記憶人名的驚人記憶力。

他沒有上過高中，卻在年過四十五之後，獲頒四所大學的名譽學士學位，同時就任郵務大臣。

當我說：「你的成功祕訣就在於能夠記住一萬人的名字吧？」結果他當下否定，接著說：「我能叫出五萬人的名字。」

菲利先生之所以能夠以選舉參謀的身分，把富蘭克林・羅斯福（Franklin Delano Roosevelt）推上總統大位，肯定就是拜這個能力所賜。

每次只要認識一個新面孔，他就會把那個人的全名、家庭成員、工作內容、政治立場寫進筆記本。假如一年後再碰到那個人，他就會以「您夫人和孩子近來如何？」做為開場白，同時問起後院植物的成長狀況。就是這樣，他的熱情支持者才會不斷增加。

057 搞錯對方的名字會招致憤怒

大部分的人都對自己的的名字有著很深的依戀。所以，親切叫喚對方的名字，便是對一個人的最大恭維。

但如果忘了對方的名字，或是搞錯拼音，恐怕就會十分麻煩。

例如，我計劃在巴黎開設演講課時，把印刷打字的信寄給居住在當地的所有美國人。然而，因為法國人的打字員不太懂英語，就把名字打錯了。

之後，在美國銀行的巴黎分行任職的主管寄了封信給我，嚴厲地斥責：「居然把別人的名字寫錯，搞什麼東西！」

058

增加自己的戰友

實業家安德魯・卡內基的成功祕訣是什麼？

雖然他被稱為鋼鐵大王，但是他幾乎不了解鋼鐵的製造方式。然而，他卻擁有數百名比他更加熟悉鋼鐵製造的員工，那些人全都是他的夥伴。

他從孩提時期便學會了領導的訣竅。他在十歲的時候，就發現人們十分重視自己的名字，於是便利用這一點成功獲得人們的協助。

成為實業家之後，他便把人類的這種心理運用在商場上。他一直希望販賣鋼鐵給賓夕凡尼亞州鐵路局，鐵路局的局長名叫愛德加・湯姆森（Edgar Thomson）。於是，安德魯・卡內基就在匹茲堡建造大型鋼鐵製造廠時，決定把工廠的名稱命名為「愛德加・湯姆森鋼鐵廠」。

那麼你想，當賓夕凡尼亞州鐵路局需要軌道時，湯姆森社長會找哪家廠商買鋼鐵呢？

059

讓對方位居上風

安德魯・卡內基的公司和喬治・普爾曼（George Pullman）的公司，為了爭取聯合太平洋鐵路公司（Union Pacific Corp）的臥鋪車訂單，而展開激烈的對戰。卡內基和普爾曼為了和聯合太平洋鐵路公司的高層會面洽談，親自跑到了紐約；然而，不惜犧牲血本的削價競爭卻讓彼此都成了輸家。

某天晚上，卡內基和普爾曼在飯店的大廳進行會談，卡內基說：「不如我們停止做這種傻事，一起合資開公司吧？」

雖然普爾曼很專心地傾聽卡內基的提議，但卻沒有辦法接受。普爾曼問道，「那麼，新公司你打算取什麼名字？」卡內基回答：「當然是普爾曼臥鋪車公司。」

普爾曼馬上產生強烈的興趣，他說：「讓我們詳細談談吧！」卡內基靈機一動的提議，改變了產業界的歷史。

060

重視他人的名字

每個人都為自己的名字感到驕傲，且總是努力想讓自己的名字流傳千古。

例如，被譽為馬戲大師的傑出表演者巴納姆（P. T. Barnum）❷，膝下無子可繼承他的名號，於是就送了一大筆錢給外孫席禮（C. H. Seeley），請他將名字改成巴納姆・席禮（Barnum Seeley）。

十八世紀的富豪們經常付錢給作者，請求作者在書本的開頭寫下「本書獻給〇〇」。

圖書館或博物館所蒐藏的珍貴收藏品，就是來自那些深怕自己的名字被遺忘的人們。例如，紐約公共圖書館收藏有傑森・艾斯特（Jacon Astor）和詹姆士・雷諾斯（James Lenox）的藏書；大都會藝術博物館則永久保存著班傑明・艾特曼（Benjamin

Altman）❸與約翰・皮爾龐特・摩根（John Pierpont Morgan Sr.）❹的姓名。另外，大部分的教堂都有花窗玻璃，那些玻璃上面都寫著捐贈者的姓名。

❷電影《大娛樂家》背後的真實故事主角，為十九世紀知名馬戲團大亨。
❸美國知名收藏家。
❹美國知名金融家及銀行家。

061

不要吝於記住別人的名字

多數人之所以不願去記住別人的名字，只是因為他們不想花費時間和精力去記他們總是以「忙碌」為藉口，為自己的怠惰開脫。

但這些人再怎麼忙，應該也不會比富蘭克林・羅斯福總統更忙。

不管對方是什麼身分，羅斯福總會牢記對方的名字，不分地位階級。例如，在會議上和與會者一起談笑風生的時候，看到同在現場的行李人員，他馬上就能叫出那個人的名字，向對方說：「過來跟我們一起拍團體照吧！」

062

先叫出名字再搭話

某天，大型汽車製造商克萊斯勒（Chrysler）的張伯倫（Chamberlain）社長，為不良於行的富蘭克林・羅斯福總統打造了一輛特殊規格的汽車。為了教導汽車的使用方法，張伯倫社長帶著技工一起造訪白宮。

張伯倫社長回顧當時，他說：「我教了總統駕駛汽車的方法，總統則教了我更多待人處世的道理。」他甚至還進一步陳述：

「造訪白宮的時候，總統相當親切、友善，他直接叫出我的名字。總統只聽過一次技工的名字，由於技工比較內向，所以馬上就退到後面去了。沒想到，在道別的時候，總統還特別找到那位技工，叫了他的名字，還一邊握手道：『感謝你今天專程前來』。站在身旁的我深刻感受到，這並不是單純的社交、應酬，而是非常真心誠意的。

回到紐約後過了幾天，我收到了附上總統親筆簽名的照片和謝卡。我很納悶，那樣一個大忙人，居然還能抽空做這種瑣碎的事情。」

063

記住他人姓名的祕訣

儘管拿破崙三世（Napoléon III）為了善盡皇帝的職責而終日忙碌，但他仍然可以牢記所有見過面的人的姓名。

他的技巧十分地簡單。如果當下沒有聽清楚對方的姓名，他就會說「不好意思，我沒有聽清楚」；如果對方的姓名比較少見，他就會進一步詢問：「該怎麼拚比較正確？」

如果對方是個特別重要的人物，拿破崙三世就會更加用心良苦。他會在獨處時馬上將對方的姓名寫在紙上，全神貫注地盯著紙上的姓名看，將其深刻烙印在自己的腦海裡。這樣一來，就能留下強烈印象。

雖然這樣做有點費時，但就像思想家愛默生所說的，「禮儀是由小小的努力所堆疊而成的」，請把它謹記在心吧！

064

人們喜歡願意傾聽自己的人

在橋牌派對上遇見的某位女性，碰巧知道我曾經去過歐洲旅行。但她只是持續談論自己去非洲旅行的事情，講了將近一個小時，卻完全不打算問我歐洲旅行的事情。其實，她只是想要一個能專心傾聽她個人經驗談的聽眾。

這樣的人很少見嗎？

不。其實像她這樣的人很多。大多數人都希望有聽眾可以傾聽他們的故事。

065

傾聽對方，由衷讚美

我在晚宴的會場對其他數十名的訪客視而不見，一直專心地聆聽某植物學家的有趣談話。到了深夜準備離開的時候，那名植物學家轉身向宴會主人極力讚美我，說我是個「談話高手」。

即使他讚美我是個「談話高手」，但事實上我幾乎什麼話都沒說，就只是專心聆聽植物學家所講的內容而已。但那樣的做法，卻讓他十分感激。

作家傑克•伍德沃德（Jack Woodford）說：「有人專心聆聽自己說話是無上的光榮，幾乎不會有人討厭這樣的事情。」我並不光只是專心傾聽而已，我還會毫不吝嗇地誇獎對方。

只要在道別時真誠地說：「您真是專家。很高興能聽您講話，我獲益良多。期待與您再次見面。」就能打動對方的心。

066 談生意的祕訣

哈佛大學的天才學家查爾斯•艾略特博士如此斷言：

「生意上的往來沒有任何祕訣，只要專注於眼前說話的人就行了。對於受到矚目的人來說，那便是無上的光榮。」

這不是十分顯而易見的事情嗎？其實根本不需要去大學上課四年，就能發現這一點。然而，許多經商的人卻都沒有實踐這一點。儘管他們支付高額租金、確保銷售場地，將低價採購的商品陳列得整整齊齊，又花費鉅額打廣告，仍可能因為雇用了不懂得傾聽的藝術的銷售員，使業績陷入低迷。

所謂「不懂得傾聽的藝術」的銷售員，就是會打斷顧客講話、頂撞顧客、激怒顧客、抹滅顧客購買慾望的銷售員。

067 傾聽是最佳的客訴對策

不論面對什麼樣的客訴，只要仔細聆聽、感同身受，就能讓對方的情緒冷靜下來，態度變得和緩。因為這樣可以讓對方傾吐累積在內心的忿忿不平。

數年前，某間電信公司碰到一名十分棘手的顧客。他宣稱帳單金額有錯，拒絕付款，並且寫信到報社投訴，甚至向公用事業委員會提出申訴。於是，公司派出一位精於溝通的專家和對方交涉：

「去拜訪他的時候，我讓那位顧客盡情地咆哮、謾罵。不過在聽他講了將近三小時之後，我對他提出的某些論點也頗有同感。這似乎是他第一次碰到電信公司的人員用這樣的態度跟他講話，所以他才漸漸敞開心房。最後，那位顧客終於付清了所有帳單金額，同時也撤銷了之前提交給委員會的申訴案件。」

那位顧客認為自己是正義的一方，因為他舉發了公用事業的剝削行為。他透過謾罵來滿足自己的自尊心。但因為電信公司的溝通專家滿足了那份自尊心，化解了他的不滿，他的負面情緒便煙消雲散了。

068

徹底傾聽對方的話語

數年前，一位怒氣沖沖的顧客闖進大型毛料公司的董事長辦公室大發雷霆。

「那位顧客必須支付本公司十五美元。他本人並不認帳，本公司堅信他搞錯了。結果他親自跑到芝加哥，揚言：『我不打算付錢，而且我也絕對不會再買你們公司的商品。』

「我耐心聽完他的主張，等他的情緒終於冷靜下來之後，用沉穩的聲調說：『非常感謝您特地前來，我會仔細參考您的意見。』

「他應該作夢都沒想到，我會用感謝來回應他的憤怒吧！我告訴他，『我非常了解您的感受。換成是我，我也會有相同的感受。我們會按照您所指出的，撤銷十五美元的請款。』

「之後，那名顧客回過頭來向我道歉：『回家仔細調查後發現，其實是我自己搞錯了。』他不僅寄來了十五美元的支票，之後也還是繼續購買本公司的商品。」

069 善於傾聽，比能言善道更討喜

採訪過許多名人的雜誌編輯艾賽克・馬克森說：「許多人之所以無法給人留下好印象，是因為他們沒有專心傾聽。」

「大多數人只會專注於自己接下來想說的話，根本沒注意對方在講什麼。比起能言善道的人，人們更喜歡好聽眾。傾聽能力似乎比其他特質來得更稀有。」

比起能言善道的人，人們更喜歡好聽眾。這點不光僅限於名人。對一般人也一樣。

根據《讀者文摘》表示，許多人之所以求助於醫師，其實只是單純希望有人傾聽他們說話罷了。人們為身心不適所苦時，總會尋求願意傾聽自己的人。

070

光是傾聽就能療癒對方

南北戰爭期間，林肯總統寫信給故鄉伊利諾州的老朋友：「可以來華盛頓一趟嗎？有事商討。」

老朋友到白宮之後，林肯針對解放奴隸的可行性，持續講了好幾個小時的話。他自顧自地檢討著贊成和反對的意見，沒有向老朋友徵詢任何意見；到了晚上，他就和老朋友握手道別。

那位老朋友說：「他應該是想藉由這種方式，整理自己的思緒。感覺談話結束之後，他的心情似乎變得輕鬆許多。」

林肯需要的並不是什麼意見。他只是為了減輕內心裡的壓力，希望有個理解他的朋友聽他說說話而已。

碰到困難的時候，我們都想找個可以傾聽自己的對象。焦躁的顧客、內心不滿或心靈受創的朋友，他們需要的就是那樣的對象。

071

一味談論自己會遭人討厭

如果你希望被疏遠、遭人背後嘲笑或鄙視的話，讓我來分享一個好方法。那個方法就是：把別人說的話當耳邊風，只顧著說自己的事情或自己想說的話；或是打斷別人的話，不讓對方把話說完，自認為自己最重要；又或者是看輕別人，毫不客氣地插嘴，只顧表達自己的主張。

你的身邊是否有做這種傻事的人？

很遺憾，我的身邊有好幾個那樣的人。而且，更令人意外的是，其中還包括了好幾位知名人士。

他們很善於招致人們的討厭。因為他們總是自我感覺良好，自大且傲慢。

只談論自己的人往往都是自私的。甚至，連哥倫比亞大學的尼古拉斯•巴特勒校長（Nicholas Murray Butler）也說，凡事只想到自己的人，無論怎麼開導，永遠都是無可救藥地沒教養。

072

能言善道的訣竅

什麼都不說，只是專注傾聽對方說話，或許有點困難。但如果你希望自己變得能言善道，就必須暫時把自己的事情拋在腦後，堅守傾聽的原則。

073

如果希望獲得對方的關心

如果希望獲得對方的關心，你就必須先關心對方。問一些對方會想回答的問題，或是讓對方談談自己的豐功偉業吧。

比起你的事情，對方更關心的是他自己的事。

試著想想看吧！如果某個人牙痛，對那個人來說，這遠比國外大批餓死的老百姓來得重要。如果某人頸部長了腫塊，對那個人來說，這也比國外發生的大地震更值得注意！

所以，如果你希望自己受人喜愛，就必須仔細聆聽對方的話。

074 事先調查對方感興趣的事

凡是拜訪過狄奧多・羅斯福（Theodore Roosevelt）總統的人，總是會驚嘆於他的博學多聞。他的傳記中寫道：「不論對方是政治家或是外交官，又或者是牛仔，不管是什麼話題，羅斯福總是能和對方暢談。」

他的祕訣究竟是什麼呢？

答案很簡單。每當有訪客的時候，他都會在前一晚熬夜調查那位訪客感興趣的話題。

因為羅斯福和其他領導者一樣，他深知收服人心最確實的方法，就是談論對方深感興趣的事物。

075 以對方感興趣的事做為話題

耶魯大學文學院的前教授威廉・費爾浦（William Phelps），在他的散文集回想起人類的本質：

「孩提時期，我經常去姑媽家渡週末。某天晚上，有位中年男性來訪，和姑媽聊得非常愉快，之後，那位男性把注意力轉移到我身上。當時，我對船艇很感興趣，就和那位男性談論起和船艇有關的話題。那位男性離開，我說：『那個人對船艇很感興趣，講的話也很有趣呢。』結果，姑媽跟我說：『那個人在紐約當律師，其實他對船艇根本就不感興趣呢。』我問：『既然如此，為什麼那個人一直跟我聊船艇的事情呢？』姑媽說：『他知道你對船艇感興趣，為了讓你高興，才會跟你聊船艇啊！因為那個人是個很有風度的紳士，會注意對方的感受，想辦法贏得對方的好感。』」

費爾浦如此表示：「我永遠不會忘記那個經驗。」

076 自己的事擱一邊，先談論對方感興趣的事

童軍的領導者夏立甫先生曾經去向某大企業的老闆募款。去見那位老闆之前，他聽說那老闆曾經開出一張百萬美元的支票，之後卻又將那張支票作廢，然後將它裱框起來。夏立甫先生請求老闆讓他看那張支票。

「我從沒有見過一百萬美元的支票！我希望能跟我的童軍們分享這個故事。」

於是，老闆爽快地拿出支票給他看。夏立甫先生非常感激，同時希望了解關於那張支票的故事。老闆講完作廢支票的故事後，問道：「所以，您今天來找我有什麼事？」當夏立甫先生表明來意之後，令人驚訝的是，老闆不僅爽快地答應，捐款的金額更超出要求好幾倍；甚至也在之後提供了許多的協助。

因為夏立甫先生並不是先提出自己的需求，而是先從對方感興趣的話題開始切入。那樣的效果相當驚。

077 與其博取對方注意，不如先關心對方

某間麵包店為了和鄰近的大型飯店簽訂批發合約，一直持續不斷地上門推銷。四年來，麵包店老闆每週都會去拜訪飯店經理，但卻總是無功而返。於是，麵包店老闆改變了做法，開始調查經理對什麼事情感興趣。結果得知，經理擔任飯店管理協會的會長，在協會的營運上投注了許多心血。

接著，他在下一次的會面中主動提及協會的事情，結果經理的反應大為不同。經理滔滔不絕地講了三十分鐘以上，甚至還建議他加入會員。他完全沒有提到半句關於麵包店的事情；但過了幾天後，他接到飯店員工請他帶樣品和報價單去飯店的電話。他向該員工詢問緣由，結果對方回覆道：「我也不清楚詳細原因，不過，我們經理似乎挺欣賞你的。」

麵包店老闆花了四年的時間，企圖博取經理的注意，但完全沒有成效；結果在他反過來關心經理之後，就馬上獲得了成果。

078 在不期待回報的前提下讚美對方

某天，我一到郵局就看到大排長龍的行列。好不容易輪到我時，負責窗口的男性職員露出一副不耐煩的表情。於是我誇獎他的髮型，企圖讓他的心情好一點。雖然那名職員有點驚訝，不過仍然以開心的表情向我道謝。

當我在演講會上分享這個故事時，有位來賓問我，「你當時是否期待從對方身上得到回報？」

但我誇獎那名職員並不是期待得到回報。就只是單純希望他能夠開心工作，所以我才由衷讚美對方。

其實有很多人只要無法獲得回報，就沒辦法去讚美他人；但我不得不說，這樣的心態太過自私，心胸也太過狹窄了。

我確實會抱持某些期待，說些讓對方開心的話，就是希望能讓自己心情愉快。
那應該會成為美好的回憶，殘留在彼此的記憶之中吧！

079

希望別人怎麼對待你，就先怎麼對待別人

有一個關乎人類行為規範的重要原則。只要遵循那個原則，就不會捲進人際關係的麻煩之中，也能造福許多朋友。而一旦違反了這個原則，麻煩就會接踵而來。這個原則就是：要經常滿足對方的自尊心。因為人類最根本的欲求，就是滿足自己的自尊心。

自古以來，哲學家就一直在思考人際關係的原則，最後從中得到一個重要的教誨。那就是「你希望別人怎麼對待你，就先怎麼對待別人」。

如果你希望對方認同自己的價值、希望在自己的小圈圈中成為舉足輕重的人，你所需要的不是巧言令色的廉價恭維，而是發自內心的讚美。你可能希望朋友或同事都能真誠讚美你，而那是所有人共通的願望。

所以，希望別人怎麼對待我們，就先怎麼對待別人吧！隨時隨地、毫不吝嗇地執行這點，是非常重要的事情。

080

謹記對任何人說話都應有禮

這裡就以具體範例，來簡單說明「希望別人怎麼對待你，就先怎麼對待別人」的人際關係原則吧！

在餐廳裡明明點了炸薯條，服務人員卻送來馬鈴薯泥，這時如果你是客人，你會採取什麼樣的態度呢？

如果你是服務人員，比起被客人斥責「喂！你送錯了吧？」聽到客人有禮地說：「不好意思，我要的不是馬鈴薯泥，請給我炸薯條」，你心裡的感受應該會更舒服吧！對專業服務人員來說，道理是相同的。當服務人員從顧客身上獲得尊重，肯定也能微笑回應「好的，沒問題」，並樂意幫你更換料理。

「不好意思，麻煩你……」、「能不能麻煩你……」之類有禮的表現，是防止嚴謹人際關係發生摩擦的潤滑劑。能夠巧妙運用這些技巧，正是良好教養的證明。

081
讚美話語的驚人力量

英國作家霍爾・凱恩（Hall Caine）以《永恆之城》等名作而聞名，在世界各地廣受歡迎。他出身貧苦，只受過八年教育，為何得以成為世界上數一數二富裕的作家呢？

讓我來說明究竟是怎麼回事吧！凱恩很喜歡詩，讀遍了羅塞蒂❺的詩。他甚至寫了一篇文章獻給羅塞蒂本人，讚美羅塞蒂的藝術成就。

羅塞蒂讀了文章十分感動，他一定自言自語地說了：「懂得欣賞我的才能的年輕人肯定相當聰明。」於是，羅塞蒂聘僱了凱恩到他倫敦的宅邸擔任祕書。這個機會成了霍爾・凱恩人生中的一大轉捩點，讓他認識了許多知名的文學作家。在那些作家的建議和鼓勵之下，凱恩成了知名的作家。

如果凱恩沒有寫那篇讚美的文章給羅塞蒂，恐怕就不會有如此戲劇化的際遇，默默無名地終其一生。這便是真誠讚美、滿足對方自尊心的驚人魔力。

❺ 羅塞蒂（Dante Gabriel Rossetti），英國畫家、詩人，前拉斐爾派創始者之一。

082

不著痕跡地指出對方的優點

坦白說，你所認識的人，恐怕有一大半都覺得自己在某些地方比你更優秀。因此，只要你不著痕跡地表現出自己是真心認同對方的價值，就能確實觸動對方的內心。只要這麼做，就能夠滿足對方的自尊心。

請回想一下愛默生❻說過的話，「任何人都會有優於我之處，所以我必定能從任何人身上學到東西。」

學習名留青史的偉大思想家的謙虛態度吧！與其不斷地吹噓自己的厲害之處，倒不如不著痕跡地指出對方的優點，這麼做肯定能贏得好感。

❻愛默生（Ralph Waldo Emerson），美國散文作家、思想家、詩人。被林肯稱為「美國的孔子」、「美國文明之父」。

083 真誠讚賞的力量 之一

這是關於來聽我演講的某位男士，去拜訪他年邁姑媽的事。他環視四周，企圖找出值得真誠讚賞的事物，對姑媽說：「這裡讓我想起了老家。這棟房子實在太美了，又相當寬敞。這樣的房子已經很少見了。」

聽到這番話之後，姑媽的聲音因回憶而顫抖著，「這棟房子是用愛建造而成的。全部由我和已去世的先生一起設計，完全沒有委任設計師。」

姑媽帶著他在家裡到處參觀，他一邊參觀，一邊真誠地讚美姑媽珍藏的各種藝術品及居家擺設。最後，姑媽帶他到了車庫。車庫內有一輛無異於新車的帕卡德❼。

❼ 帕卡德汽車（Packard），曾是二戰前美國最好的豪華汽車品牌之一。

姑媽說：「這是我先生在去世前不久買給我的車。自從他去世之後，我就再也沒有碰過它。你的眼光這麼好，這輛車不如就送給你吧！」

對於渴望自尊心獲得滿足、年老孤單的姑媽來說，他的真誠讚賞就像是沙漠中的泉水，所以姑媽才會想把車送給他。

084 真誠讚賞的力量 之二

一名曾聽過我演講的庭園造景業者，在某位傑出法官的宅邸庭園工作時，碰到了法官本人。庭園造景業者真誠地說：「您的興趣相當不錯呢。這真是一隻好狗，難怪能每年在名犬評選賽上獲獎。」

這番話產生了相當大的化學反應。

「我很享受和我家狗兒共度的時光。要不要看看我的狗屋？」

法官花了一小時以上的時間，帶他參觀他的狗和狗兒贏得的獎章，並且逐一解說。然後，法官問他：「你有小孩嗎？」庭園造景業者回答「有」，法官聽聞後便說：「小孩都喜歡小狗吧？不如我送一隻給你吧？」於是，法官便送了一隻幼犬給庭園造景業者，不但附上血統證明，還詳細寫下飼養方式。

這名庭園造景業者之所以能夠得到身價數百美元的幼犬，以及法官的寶貴時間，就是因為他打從心底真誠地讚賞法官的愛好。

085 成功人士也會追求讚賞

伊士曼柯達公司（Eastman Kodak Company）的創辦人喬治・伊士曼（George Eastman），是發明電影膠捲而聞名全球的實業家之一。不過，他渴望獲得讚賞的心情也和你我沒兩樣。

某天，家具公司老闆亞當森為了推銷椅子而前去拜訪他。早在亞當森前往拜訪之前，朋友便提醒他：「伊士曼先生工作相當忙碌，做事十分嚴謹，所以要儘量在五分鐘內說明你的來意。」

進入辦公室後，伊士曼抬起頭。亞當森說：「伊士曼先生，等待會面時我一直在欣賞您的辦公室，實在太令人印象深刻了。我也很希望能在這麼棒的辦公室裡面工作，因為我從沒見過這麼漂亮的辦公室。」

伊士曼聽了之後大喜，不但向他介紹辦公室，也針對自己構思的陳設進行說明。另外，還談論了自己窮苦的孩提時期，以及研究發明的辛苦過程，足足聊了兩小時以上。他甚至還帶亞當森到自己的家裡共進午餐。當然，伊士曼最後不僅向他訂購了高價的椅子，兩人之後更成了長久深交的好友。

086 不忘對家人說出讚賞的話語

讚賞的話語擁有相當驚人的魔力。你也應該經常說些讚賞的話。首先，先從自己的家裡開始嘗試如何？家庭比任何地方都需要讚賞的話語，但幾乎在大部分家庭中都很少聽到，這是不爭的事實。

你的妻子肯定是有優點的。至少，你曾經被她的那些優點所吸引。若非如此，你應該就不會和她結婚。

你已經有多久沒有讚賞過妻子的魅力了呢？幾個月？幾年？還是好幾十年？

但我也不建議你突如其來地大力誇讚她，這樣只會讓她感到可疑罷了。

今晚或明晚，送束花或糖果給妻子，展露出你真誠的笑容，對她說些溫暖的話語吧！如果有更多夫妻願意這麼做，應該就能大大降低離婚率吧！

087

婚姻生活是一種「相互體貼」

報紙上有則饒富趣味的報導。內容是在說，在結婚典禮上，應該把新郎叫到一邊，跟他說以下這段內容：

「結婚前，讚美女性是男性的自由；結婚後，讚美女性則是丈夫的義務。婚姻生活是一種相互體貼的機會，而不是直率交換意見的機會。也就是說，婚姻生活重在友愛親善。

如果希望每天幸福快樂，就不該拿妻子和自己的母親做比較，在家事上百般刁難。你應該隨時對操持家務的妻子表達感激，慶幸自己能夠和如此有魅力的女性結婚。」

088

擄獲異性的祕訣

想知道抓住女性內心的祕訣嗎？這個方法十分有效，但並不是我自己想的，而是來自記者朵洛西•迪克斯（Dorothy Dix）。她勇敢前往監獄採訪了一名詐欺犯，那名詐欺犯騙走了二十三名女性的情感和積蓄。

她問：「擄獲女性內心的祕訣是什麼？」他回答：「沒什麼祕訣。只要讓女性暢所欲言地談論自己就可以了。」

這個技巧對男性也能發揮效果。在英國歷史上留名的首相班傑明•迪斯雷利（Benjamin Disraeli）曾說：「只要讓男人談論他自己，就能夠滿足那個男人的自尊心，讓他自然打開心房。」

3

如何讓別人接納自己的想法

089

維護對方的尊嚴

在某晚的派對會場上，坐我右手邊的男性分享了一則引用自聖經的格言。聽了之後，我發現那應該是來自莎士比亞的引言；出於個人的優越感，我當場指正了他的錯誤。然而，那名男性卻十分堅持自己的說法。於是，我向坐在左手邊的老朋友徵詢意見，但老朋友卻說：「他說的沒錯，那是出自聖經的引言。」

我在回家的路上跟老朋友說：「你應該很清楚那是莎士比亞的引言才對。」他說：「的確沒錯，但真的有必要當場指出他的錯誤嗎？你覺得你這樣做，人家會喜歡你嗎？在那種狀況下，維持對方的尊嚴才能和平收場。」

雖然那位老朋友已經過世了，但他在當時讓我學到「避免爭論」的教訓，至今仍然記憶猶新。對我來說，這是非常寶貴的一課。

090 爭辯之下無贏家

我從小就很喜歡爭辯，因此在上大學後，便對辯論充滿了熱情。而在到了紐約後，我開始當起教人如何辯論的講師。從那之後，我所參與過的辯論已經多到不可計數。但我所得出的結論是：避免爭辯才是最明智的方法。

爭辯十有八九，都是以雙方各執已見的形式收場。因為大多數人愈是爭辯，就愈會覺得自己才是對的。

爭辯之下無贏家。如果你辯輸了，你就是輸了；但就算你辯贏，也還是輸了。為什麼呢？

試著想想看吧！如果因為爭辯而把對方攻擊得體無完膚，會造成什麼結果呢？或許你會覺得很痛快，但對方會如何呢？

你刺傷對方，傷害了對方重要的自尊心。到最後，對方還是不會衷心對你的勝利感到服氣，只會在心頭留下憤恨。

091

避免爭辯才是明智之舉

班傑明・富蘭克林曾說：

「如果你爭辯或反駁，有時確實可以獲得勝利。但那只是空虛的勝利，因為你永遠得不到對方的好感。」

仔細想想，你是希望在論點上擊倒對方，還是希望得到對方的好感？

這兩個願望幾乎不可能兼得。

092

即使貫徹個人的正義，也毫無意義

某份報紙刊載過這麼一段詩詞：

辯論高手威廉·傑長眠於此。
故人為堅持個人的正義而鞠躬盡瘁。
但無論再怎麼正確，終究只留下徒勞。

的確，你說的話或許是正確的。但如果你的堅持只是為了改變對方的觀點，你的努力就不會獲得回報。

093

爭辯無法解決任何問題

在政治界打滾數十年，曾擔任過財政部長的政治家威廉‧麥卡杜（William McAdoo）曾說：「我很清楚，要透過爭辯打敗無知的人是不可能的。」

就我的經驗而言，麥卡杜所說的「無知的人」，和智商高低無關。要透過爭辯改變所有人的心意，本來就是不可能的事，這是我最直接的感想。

094

向對方表達你的敬意

稅務顧問和稅務局調查員為了所得稅的款項問題，爭論了一個小時。顧問針對一個九千美元的項目說明事實，主張該款項「不應列為課徵對象」；調查員則提出反駁，堅持表示該款項「應列為課徵對象」。

那位顧問這麼跟我說：

「爭論愈久，那位調查員就愈是堅持；所以我為了避免繼續爭論下去，而對他的工作表達敬意。我說：『我只是靠書本學習稅務，您則是靠實務經驗累積，我相當羨慕您調查員的工作。』結果，調查員的態度變得十分友善，他說：『這個問題我們會重新討論，請三天後再過來一趟。』三天後再次前往，對方就說：『我們決定受理這份納稅申請書。』」

這名調查員是希望自己的自尊心能獲得滿足。和顧問爭論的時候，調查員是為了滿足自尊心而展現權威；而在顧問對他的工作表示敬意之後，調查員的自尊心獲得滿足，也就能同理顧問、親切以待。

095

做出讓步

拿破崙的侍衛長經常陪約瑟芬皇后玩撞球。侍衛長留下的筆記寫著：「其實我很擅長打撞球，但我總是會讓皇后獲勝。皇后每次都會十分開心。」

各位不妨向這位侍衛長學習。和顧客、戀人或另一半之間，如果因為不足掛齒的事情發生爭論，那就選擇讓步吧。這樣對方肯定會相當欣喜。

096

比起爭辯，體諒才是上策

佛陀曾說：「平息憎恨需要的是愛，而不是憎恨。」
同樣地，終止誤解需要的是體諒，而不是爭辯。
與其靠爭辯擊敗對方，不如試著去同理、理解對方的想法。

097

禮讓才是上上策

看到年輕軍官和同事發生激烈的爭論，林肯介入了解。

「對自己期望甚高的人，不該把時間浪費在個人之爭。若因憤怒而失去自制力，就會帶來不好的結果，所以要多加注意。如果自己和對方的正確程度相近，不妨做出較大的讓步；如果明顯是自己比較正確，那就做出些許的妥協。」

098 不過度堅信自己才正確

狄奧多・羅斯福總統曾向身邊的人坦言，如果他判斷正確的機率有七成五，行事便能成功。

如果如此傑出的人物，都說自己的正確率要達到七成五才能成功，你我又該怎麼評估呢？

無論再怎麼高估我們的正確率，頂多也只有五成五吧？那麼，我們主張對方錯誤的機率，是否也能只有五成五呢？

099

尊重對方的意見

如果單刀直入地跟對方說「你錯了」，對方會贊同你嗎？

絕對不會。

對方會因為自尊心受創而想反駁。即使你搬出再怎麼卓越不凡的論點，對方也絕對不可能扭轉自己的信念。這是因為，對方並不是絕對理性的生物，而是擁有情感的生物。

100 開導人時要不著痕跡

一開口就說「我要證明你的錯誤」，這樣的做法愚蠢至極。那句話就等於是說：「我比你聰明，所以我要給你訓示。」這樣的高傲態度只會引起反感，對方為了維護自己的尊嚴，就不得不起身反抗。

不管你釋出再多的善意，也相當難去改變對方的信念。

如果真的非證明不可，就應該做到不著痕跡，而且不被任何人察覺。也就是說，開導對方時最重要的事，就是不讓對方有半點正在被指導的感覺。

101 不能直接說「你錯了」

蘇格拉底曾說：「我唯一知道的，就是我什麼都不知道。」無論我多麼努力，都不可能像蘇格拉底那麼賢明，所以我不會對別人說「你錯了」，而這個方針看來似乎非常有效。

如果對方有錯，即使那是非常明顯的錯誤，比起突然去糾正對方的錯誤，倒不如換個開場白：「雖然我不這麼認為，但搞不好是我錯了，不如我們一起來想想看吧？」這樣的做法或許會更好。

這種方式能夠發揮魔法般的效果。「搞不好是我錯了，不如我們一起來想想看吧？」聽到這樣的話，應該沒有人會覺得反感吧？

只要承認自己有犯錯的可能性，就不會捲入麻煩之中。這種方法可以避免毫無意義的爭論，也能讓對方用更寬廣的心、更公平地看待事物。最後，對方就會承認自己也有可能是錯的。

102

人一旦被指出錯誤，就會變得固執

大部分的人都欠缺理智。許多人都有偏見和先入為主的觀念，因為嫉妒、猜疑、恐懼、妒忌、自尊而變得固執。所以無論是信念，甚或是髮型，他們都不會隨意去改變自己。如果希望糾正對方的錯誤，就把哥倫比亞大學的歷史學家詹姆士・羅賓遜（James Robinson）所提出的下列文章銘記於心吧！

我們會自動改變自己的觀念，但如果是被別人說「你錯了」的時候，就會感覺自己遭到責難，進而採取頑固的態度。就算我們平常其實不在乎自己的信念，但那個信念一旦遭到質疑時，我們就會開始堅持自己的說法。

很明顯地，我們企圖守護的並不是自己的說法或理念，而是遭受威脅的自尊心。我們只想相信自己能接受的事實，一旦自己的信念遭受質疑，就會找各種藉口自圓其說。到最後，我們總是只會找到那些足以維護自己信念的依據。

103 溫和的關懷才能讓人打開心扉

分享一段很久以前的故事。我請室內設計師幫我製作家裡的窗簾，但收到請款單之後，卻被驚人的價格給嚇了一跳。

隔了幾天，朋友來家裡看設計好的窗簾。當我談到價格時，她以浮誇的語氣說：「那真的太誇張了！你肯定是被坐地起價了。」

她說得一點都沒錯，但並沒有人樂於聽到這樣的指責，感覺自己似乎很窩囊。我終究是個平凡人，所以我就為自己辯護，辯稱「這種狀況我也沒辦法」。

隔天，另一位朋友來訪。朋友說：「如果我有錢，我也想買這麼漂亮的窗簾。」結果我的反應完全不同於前一天，我說：「老實說，價格真的挺貴的，所以有點後悔」。

當我們犯錯時，基本上都會在心裡承認自己的錯誤。所以如果對方給予溫和的關懷，我們就能打開心扉，向對方坦承自己的錯誤；但如果對方毫不客氣地指出令人不悅的事實，我們就會變得相當固執。

104

辱罵和嘲笑毫無意義

霍勒斯・格里利（Horace Greeley）被稱為全美最知名的編輯，他強烈反對林肯在南北戰爭中的政策。他企圖用辱罵、嘲笑的作戰方式，讓總統接受他的意見。為此，他執拗地發動辯論，甚至對林肯採取人身攻擊。

林肯在遭受嚴厲批判之後，是否贊同了格里利呢？

這當然是不可能的事。不論你怎麼辱罵、嘲笑對方，都不可能獲得任何成果。

105 要記得保持謙虛的態度

身兼科學家與政治家的班傑明・富蘭克林被譽為萬能天才，但他年輕時總是在人際關係上遭逢挫敗。某天，他的朋友對他說：

「你總是說些嚴苛的意見，所以大家都討厭你。你確實很博學多聞，但但太自以為是了。再這麼下去，所有人都會離你而去，你總有一天會自取滅亡。」

富蘭克林相當理智地接納了指責，馬上自我反省，改變了自己的傲慢態度。

他在自傳裡這麼寫道：

「我決定不再忽視對方的感受，過度主張自己的意見。同時，我會避開『絕對是這樣』等斬釘截鐵的字眼，注意盡可能採取『我是這麼想的』或是『我個人認為』等之類的說法。即使對方有明顯的錯誤，也不再藉由指正他人的錯誤來獲取成就感，而是採用『依在其他情況下，可能是這樣；但在這種情況下，可能不是這樣』的柔和方式，使對方欣然接受我的說法。我不善於言辭，但多虧了這個習慣，在歷經大約半世紀之後，我在社會上擁有了影響力；即使提出打破傳統做法的方案，仍然可以讓許多人心服。」

106

坦率承認自己的錯誤

在遭受別人批判之前，先抱持謙虛的態度檢討自己，永遠是最好的做法。與其遭受對方的嚴厲斥責，使自己失去立足之地，倒不如先承認自己的錯誤，坦率地自我反省，這樣的方式肯定會更加輕鬆。

不論是什麼樣的傻瓜，都有辦法彌補自己的錯誤；但實際上，大部分的傻瓜都會選擇逃避。即使自己的錯誤顯而易見，他們仍會找藉口逃避。

但這樣的行為並不可取，坦率承認自己的錯誤，豈不是比較好嗎？只要勇於認錯，向對方展現自己的真誠，就能從眾人之中脫穎而出。

107 當自己正確時，當自己錯誤時

當自己正確的時候，如果想讓對方接受自己的想法，就要抱持同理心善待對方。

而當自己錯誤的時候，就必須坦率地承認。其實，我們錯誤的時候往往多於正確的時候。

坦承自己的錯誤，不僅能獲得驚人的成果。或許你很難相信，但比起捍衛自己的立場，勇於認錯反而更讓人神清氣爽。

108 檢討自己能夠消除對方的敵意

某位知名的商業設計師運用自我檢討的技巧，改善了他與愛挑毛病的主編之間的關係。

某天，設計師接到主編的電話，要他馬上到辦公室。緊急前往後，主編果然開始針對他的工作批評。於是，設計師便運用自我檢討的技巧，向主編道歉：「不好意思，我真的覺得很慚愧。」

他一這樣做，主編就說：「哎呀，其實也不是什麼太嚴重的問題啦！」

不過，設計師接著說了：「即使只是小事，對我來說也是嚴重的問題。畢竟我承接了那麼多的工作，當然希望把每個案子做到最完美。我會重新再做一次。」接著，主編便一邊說「不用，不需要這麼麻煩啦」，一邊誇獎設計師的工作態度，最後只要求做出細微調整就結案了。

多虧設計師真誠地檢討自己，才能徹底消除主編的敵意，而且設計師還因此成功接到了新案子。

109 化敵為友的魔法

阿爾伯特・哈伯德（Elbert Hubbard）是為極具獨創性的作家，他的辛辣文章經常惹來爭議。不過，他對處理這類事情相當有心得，是個善於化敵為友的專家。

例如，某位讀者看不慣他的主張而寫信來抗議。讀者在信中提出了各種批評，包括無法贊同文章的那些部分、覺得哪些部分寫得太過離譜等等。對此，他是這麼回覆的：

「的確，聽您這麼一說，連我自己都無法完全贊同自己的主張。很高興您願意分享您對我的文章所抱持的感想。如果您有機會到附近，歡迎來我家坐坐，我們可以針對這個話題仔細討論一番。」

如果你所抗議的對象這麼說，你會怎麼回覆呢？

110 滿足對方的自尊心

我經常帶狗到附近公園散步，因為還是幼犬，所以我並沒有讓牠配戴牽繩。可但某天碰上一位警察，就遭到斥責。我沉穩回應「我的狗沒有危險性」，警察卻說：「牠搞不好會咬小孩。下次再被我看到沒有牽繩的話，就要罰款囉！」

小狗和我都不喜歡牽繩，所以數天後我還是一如往常，在沒有牽繩的情況下帶小狗出門散步。結果，隔週又碰到同一位警察。雖然瞬間覺得大事不妙，但我還是搶先在警察開口之前說：「我沒有任何要辯解的藉口。上星期提出的罰款警告，我甘願受罰。」

結果，警察用平靜的口吻說：「如果旁邊沒有其他人的話，你很希望讓小狗自由地奔跑，這個心情我能理解。讓小狗在山丘的另一邊奔跑吧，如果在那裡的話，我就什麼都看不到。」

警察也是人，會在初次見面時展現權威，滿足自己的自尊心。不過再次碰面時，因為我認同對方的權威，先進行了自我檢討；所以對警察來說，他就不再需要展現他的權威，而是會藉由更寬宏的措施來滿足自尊心。

111 憤怒只會招來憤怒

如果你因為某事被激怒，然後把怒氣發洩在對方身上，在一番宣洩之後，肯定會覺得相當痛快吧！但對方的心情又會如何呢？你的敵對態度能夠讓他對你抱持同理心嗎？

提倡和平原則的伍德羅・威爾遜（Woodrow Wilson）總統是這麼說的。

「如果你態度兇狠地找上門，我同樣也會以兇狠的氣勢回應你。但如果你願意對我說，『針對彼此意見不同的地方，我們應該好好談談，進一步理解對方』，我們就能發現彼此的分歧之處其實意外地少，能相互贊同的部分其實更多。只要我們之間有足夠的耐心與體諒，在未來就能相處得更愉快。」

112 營造友好的氛圍

在一個工地現場曾經發生全美最大規模的罷工事件，許多勞工忿忿不平，群起要求資方加薪。沒想到，實業家洛克斐勒親自前往現場，在對自己氣憤難平的群眾面前，發表了一場令人感動的演說，順利化解了危機。

「今天是我個人生涯當中最值得紀念的日子。很榮幸和本公司的員工代表們見面。今天能夠站在這裡，讓我心中充滿了自豪感。很高興有機會在這麼愉快、友好的氣氛中，見到一起工作的夥伴，一起討論共同的利益問題。現在，我深刻感受到我們彼此之間的密切關係。」

這是化敵為友的最佳演講範例。原本憤怒不已的勞工們，在聽到強調友好氛圍和共同利益的演講內容後，也相當感動。

如果洛克斐勒採取完全相反的對策，以絕對理性的態度證明勞工們的錯誤，他們的憤怒情緒就會更加高漲，肯定無法解除罷工危機。

113

表現友好姿態，而非講大道理

只要讓對方覺得反感，不論你運用什麼樣的邏輯，都沒有辦法說服對方。

愛碎念的父母、囂張跋扈的上司、盛氣凌人的丈夫、嘮叨抱怨的妻子，如果你採取的是那種令人討厭的態度，對方就不會願意聽從、理解你所說的話。

逼迫對方聽從，是不會有半點成果的。但如果你願意打開心扉，溫和友善地對待對方，對方肯定也能敞開心扉，溫和友善地對待你。

114

一滴甜蜜勝於苦茶

林肯早在很久以前便已理解人際關係的原則。他是這麼說的：

「一滴蜂蜜比大量的苦茶更能聚集更多的蜜蜂。人也一樣。如果希望他人接受自己所說的話，首先，你必須讓對方知道你是他值得相信的朋友。」

「喋喋不休的負面話語並非上策。只要一句溫柔的話語，就能觸動對方的心弦。那才是喚起對方理性的確實方法。」

115 友善以對

面對參加罷工的勞動者時，比起採取敵對姿態，友善以對才是最好的做法。經營者們最能實際感受到這點。

例如，在某汽車工廠工作的兩千五百名勞工要求加薪的時候，該公司的老闆並沒有譴責或威脅他們。甚至，老闆還反過來誇獎勞工們的理性，在地方報紙刊登廣告，讚賞他們在罷工期間的「沉穩態度」。老闆更呼籲大家可以在罷工的閒暇時間，「到空地上打棒球」，並且購買了與人數相符的球棒和手套供勞工們使用，同時還承租了保齡球場，給喜愛保齡球的人使用。

老闆的友善態度帶出了勞工們的友善態度。他們自動自發地借來掃帚、鐵鍬和垃圾桶，開始清理地面上的火柴和菸蒂。

請想像一下，要求加薪、正在罷工的勞工們努力打掃工廠空地的景象。這是美國勞資糾紛史上空前僅有的現象。

最後，這場罷工以雙方都滿意的形式在一週內順利落幕。

116 當你有所求時，更該採取友好姿態

某位男性希望房東可以調降公寓的租金，但聽其他房客說，房東是個十分頑固的人，所以他便試著採用在我的講習會上學到的方法。

他和房東見面時笑容滿面地打招呼，釋出善意。但他並沒有馬上提及租金偏高的問題，而是強調自己有多喜歡這間公寓，同時讚賞房東的經營方針。結果，房東說：「平常都只會聽到房客的抱怨，讓我覺得很厭煩，沒想到居然會有房客這麼讚美我的公寓，真是開心。」那位男性都還沒有主動提出要求，房東就自動提議調降房租那位男性希望能有更多減租空間，所以便說出更具體的金額；沒想到房東不僅爽快地答應，甚至還主動釋出善意：「房子內部也可以依照你的喜好順便裝修一下。」

如果這名男性和其他房客一樣，在抱怨的同時提出調降房租的要求，房東肯定不會答應。如果希望改善條件，就不該以敵對姿態提出要求，用友善的態度傳達感謝之情，才是最重要的。

117 北風與太陽

《伊索寓言》中有篇名為〈北風與太陽〉的知名故事。北風和太陽比賽，看誰有辦法讓老人脫掉身上的大衣。北風用力地吹，企圖強行脫掉老人身上的大衣，沒想到老人卻因為寒冷而用手緊抓著大衣。但當太陽用溫暖的日光照耀老人之後，老人卻因為感覺舒適而脫掉了大衣。

這個故事告訴我們，與其以強迫或威脅的方式，蠻橫地要求對方，倒不如溫柔、親切以待，反而能得到更好的效果。

這個人際關係的原則，不光適用於伊索生存的古希臘，同樣也適用於我們現在所生活的現代社會。

118 先讓對方開口說「好」

和人說話的時候，切勿從意見相左之處開始聊起。從自己贊同對方之處開始聊起，不斷地強調那個部分吧！如果可以，就努力讓對方了解你們雙方都是為了相同的目的而努力，只是彼此的方法不同罷了。

必須努力讓對方在談話期間說出「好」，儘量留意別讓對方有機會說出「不」。

紐約市立大學的知名心理學家哈里•奧文斯崔（Harry Overstreet）教授這麼說過：

對方或許會發現，一開始就說出「不（否定）」，是非常草率的行為。但為了維護自己重要的尊嚴，對方就必須堅持到底，所以很難在中途改變意見。對你來說，在話題一開始讓對方說出「好（肯定）」，是非常重要的事情。

119 造成聽者反感，沒有任何好處

能言善道的人善於在話題一開始就讓聽者說出「好」。這樣就可以把聽話者的心理往肯定的方向引導。

聽者一旦認真說「不」，不光是語言上的拒絕，就連本人全身上下的細胞都會團結一致，採取拒絕說話者提案的態勢。

可是，如果聽者說出「好」，全身的細胞都會做好接受說話者的態勢。所以，只要能夠在一開始就引導出對方較多的「好」反應，就能提高讓聽者順利接受說話者提案的可能性。

這是相當簡單的技巧，但是卻很少被活用。

其實，經常可以看到有些人為了滿足自己的自尊心，而突然做出導致聽者反感的行為舉止。但如果惹怒對方，你可以得到什麼呢？如果這樣能夠得到滿足，當然沒什麼問題；但如果以為這麼做可以達到某些目的，那我只能說這實在太愚蠢了。

120 多提出幾次讓對方回答「好」的問題

希臘的哲學家蘇格拉底的人生成就，在人類歷史上僅有少數人能夠實現。他大幅改寫了人類的思想史，即使是死後經過二千三百年的現在，大家仍尊稱他為智者。

蘇格拉底不會指出對方的錯誤。他所運用的技巧被稱為「蘇格拉底反詰法（Socratic method）」，目標就是讓對方在談話過程中反覆地回答「好」。他會不斷提出讓對方想回答「好」的問題，最後對方就會在不知不覺間，接受自己幾分鐘前還在激烈反駁的論點。

下次和某人爭論，想出聲指責對方的錯誤時，不妨回想一下蘇格拉底反詰法，試著提出一些引導對方說出「好」的問題吧！

121 不打斷對方說話

在企圖讓對方接受自己的想法時，幾乎所有人都會自顧自地說個不停。尤其是業務人員更是如此，他們的這種壞習慣，往往會讓自己損失慘重。

讓對方有機會把話說完吧！對方肯定比你更了解他自己。

當彼此意見不合時，或許會想在中途打斷對方的話，但那樣是不行的。因為在對方完整表達自己的想法前，他是不會想聽你說話的。所以，請耐心地聆聽，讓對方把想說的話說完吧！

122 專心傾聽的效果

最近有間汽車大廠正在尋找零件供應商，為此他們通知了三間零件製造商，希望對方能派業務代表公司進行簡報。

但在簡報當天，其中一間公司的業務負責人突然喉嚨不適，沒辦法說話。他把問題寫在紙上，說明無法開口的原委，結果汽車大廠的老闆說：「我來幫你講吧！」便在與會者的面前進行說明。那位老闆以代理人的身分讚美業務帶來的樣品，業務代表則是專心地微笑傾聽。

幾天後，那位業務代表這麼說：

「多虧汽車大廠老闆親自熱情地解說，本公司才能獲得訂單。對我來說，那是我有生以來爭取到的最高金額訂單。其實我原本打算透過簡報大力地推廣本公司的產品，但卻因為喉嚨不舒服而淪為聽眾，沒想到這樣的結果卻反而獲得如此大的成果。透過這次經驗，我充分了解到：只要仔細聆聽對方所說的話，就能提升銷售業績。如果我接著講個不停，應該就沒辦法拿到訂單。」

123

讓對方成為贏家

法國的哲學家拉・羅希福可（La Rochefoucauld）說：「如果想樹立敵人，只要比對方更優秀就行了。但如果希望擁有朋友，讓對方成為贏家就對了。」

這到底是為什麼呢？

如果你的朋友比你更優秀，他們的自尊心就能獲得滿足，便能感受到「自己是很重要的人」；但如果你比對方更優秀，他們就會產生自卑感，受困於嫉妒和羨慕的煩惱之中。

124 不驕傲自滿

德國有句名言：「人類會因他人的不幸而感受到純粹的喜悅。」簡單來說，「他人的不幸如同蜜糖的滋味」。

的確，比起他人的幸福，或許有一部分的人會對他人的不幸感到滿足。該怎麼做呢？那就是不誇耀自己的成就，儘可能地謙虛。只要那麼做，就能隨時讓人感到喜悅。

歐文・科布（Irvin Cobb）早就已經掌握到那個訣竅。站上證人席時，律師問道：「聽說你是全美首屈一指的知名作家，是嗎？」他回答：「那肯定是我的運氣大於我的實力。」

我們應該謙虛的理由，是因為我們並沒有達成值得刻意向他人吹噓的豐功偉業。任何人都會離開人世，在百年後被人們徹底遺忘。無論你再怎麼自我感覺良好而驕傲自滿，吹噓自己的成就只會令人感到無趣。既然如此，不如把說話的機會讓給對方，安靜地當個聽眾反而比較好，不是嗎？

125 不強加自己的想法，讓對方自己想

每個人都希望能按自己的想法去做事，沒有人喜歡被強迫的感覺。所以，把自己的想法強塞給他人，並不是明智之舉。提出某些提案讓對方自己去思考，才是最好的辦法。

某汽車公司的業務經理要求旗下的業務員提出對自己的期望。然後，他將那個期望寫在黑板上，說道：

「我會盡全力達到大家的期望。接下來請告訴我，我該對大家有什麼期望？」

結果，他馬上獲得了忠誠、正直、自動自發、正面積極、團隊精神、每天認真工作八小時等答案。甚至還有業務員表示願意一天工作十四個小時。

之後，業務員果然付諸實行，銷售業績也蒸蒸日上。

這是因為他向下屬尋求意見，士氣也就為之一振。

126 不強迫對方

沒有人喜歡被他人強迫。任何人都希望能依自己的意志採取行動。

某服裝設計師數度拜訪有力的買方，企圖把設計草圖賣給對方，但是卻一次都沒成功。在經過一百五十次的失敗之後，他決定採用全新的做法。他抱著數張未完成的設計草圖去拜訪買方，這麼說了：

「我有個請求。這裡有幾張未完成的草圖，是否能請您告訴我，該怎麼做才能符合您的需求呢？」

買家看了看草圖之後，開口說：「把這些草圖留下來，過兩三天再來找我。」

三天後，設計師再次前往拜訪，聽取買家的提案，並遵從買家的意見完成了草圖。最後他的草圖不僅全數獲得採用，從那之後，買家更向設計師訂購了大量的草圖。

127 讓對方自行思考

在狄奧多・羅斯福總統擔任紐約州長的時期，在決定重要職務時，他會請有力人士推薦候選名單。

剛開始，有力人士推薦能夠靠雄厚財力推動任何事務的人。但羅斯福說：「那樣的安排無法獲得市民的理解，聘用那樣的人物並不是最好的辦法。」

於是，他們接著推薦能夠依旨辦事的人物。羅斯福提出要求：「那樣的人物不符合公共利益，我想找個更適合的人選。」

就這樣，他們終於在第四次推薦了一名相當有才華的人物。羅斯福感謝有力人士，並讚賞他們尋獲合適人才的功績。

之後，每當羅斯福提出法案的時候，即使是原本遭有力人士反對的改革方案，也都能夠獲得支持。多虧如此，他才能夠在州長時期做出一番政績。

128

讓對方自行決定

某汽車經銷商帶著前來購買中古車的夫妻陸續參觀，但最後卻沒有成交。數天後，某顧客以舊車換車時，經銷商猜想那對夫妻或許會喜歡那部車，於是便打了電話給丈夫。

「我想請您提供一些建議，能否勞煩您跑一趟？」

丈夫來到店裡，經銷商說：「我知道您非常了解汽車的行情。能否請您試駕這部車，告訴我這部車應該訂價多少？」

丈夫欣然接受，開著那部車在附近繞了幾圈之後，他說：「這部車如果賣三百美元，應該相當划算吧！」

「如果我用這個價格銷售，您會願意購買嗎？」

「三百美元嗎？那當然。」

因為這個價格是那位丈夫自行評估的，所以當然就馬上成交了。

129

讓人以為那是他自己的主意

威爾遜總統身邊有個名為愛德華・豪斯上校（Edward House）的人物。他是如何取得總統的信任，發揮他的影響力的呢？

剛開始，他提出一項總統不太可能認同的政策；但在幾天後，總統卻說那個提案是自己想到的，他聽到後十分驚訝。

但他並沒有表明「那個提案是我想到的」。比起名聲，結果更加重要。從那之後，他總會不著痕跡地，把自己的想法提給總統，讓總統以為那是他自己想到的主意。

我們所碰到的許多人都和威爾遜總統有著相同的心理。所以，不妨試試豪斯上校的方法吧！就算把功勞讓給對方也沒關係。

130

以理解取代譴責

就算對方錯得離譜，也不能不分青紅皂白地譴責對方。只有傻瓜才會去譴責他人。

請以理解取代譴責！唯有聰明、寬大且優秀的人才能做到如此地步。

仔細找出對方採取某種行動的理由，或許其中有什麼難言之隱。

秉持真誠的心，站在對方的立場上，試著自問：「換作是我，我會有什麼樣的感覺，做出什麼樣的反應呢？」這樣就可以省下大量的時間，消除你的焦慮與不快。因為只要站在對方的立場，就可以看到之前無法看清的部分，也能更加熟悉人際關係的原則。

131 談話時語帶沉穩，而非威脅

附近的公園經常發生火災，十分令人困擾。雖然佇立的招牌上清楚寫著「引火者將處以罰款」，但年輕人依然無視警告在公園裡烤肉。因此，每當我看到那樣的年輕人，我就會威脅他們「把火熄滅。否則我就通報消防局」。他們雖然聽進去了，但看起來相當不情不願。

不久之後，我發現我自以為正確的做法似乎是錯誤的。因為我只是在宣洩自己的怒氣，並沒有站在對方的立場去看這件事。從那之後，只要我看到烤肉的年輕人，我就會這麼說：

「看起來好像很有趣。我也很喜歡烤肉。但在公園烤肉是很危險的行為，你們可要小心一點。我不是要命令你們，不過離開時還請把火完全撲滅喔！另外，下次還是去其他地方烤肉會比較安全一點，麻煩你們囉！」

結果，年輕人十分樂意地協助。其實，不需要靠威脅去逼迫對方聽從，只要顧慮對方的顏面，就可以讓彼此的心情比較舒坦。

132

表現同理心

該怎麼做才能避開口舌之爭、消除負面情緒、產生善意，並讓對方認真聆聽自己的話呢？

這句話有著魔法般的效果：

「你會有那種感覺也在所難免。如果我是你的話，也會有相同的感受。」

聽到這句話之後，無論多麼憤怒或頑固的人，都會將態度放軟。只要向對方表達你也會有相同感受，就能傳達出同理心。

在你遇見的人當中，平均每四人就有三人渴望同理心。所以只要向對方展現出同理心，就能受到任何人喜愛。

133

向對方訴諸道德規範 之一

每個人本質上都是理想主義者，總是想為自己的行為找個好理由。所以，向對方的行動訴諸道德規範是十分有效的。

某不動產業者收到他們所持有房產的住戶通知，租約還有四個月才到期，但他卻希望提前搬離。當時正值不容易找到下個新住戶的時期，所以不動產業者相當地憤怒；但他並沒有宣洩他的不滿，而是跟該住戶這麼說：

「我收到你的通知了，但我不認為你真的打算搬家。根據我以往的經驗，我看人的眼光還挺準的，我不認為你是那種會違背承諾的人。我有個建議，請在下個月之前再多考慮幾天。如果屆時你還是想要搬家，我會尊重你的決定，在免除剩餘的房租之後，承認自己的判斷錯誤。但你是個信守承諾的人，我相信你會遵守合約。」

之後，那個住戶前來支付了隔月的房租。因為他們夫妻在商量之後，認為遵守合約是最重要的事情。

134 向對方訴諸道德規範 之二

某位實業家發現報紙上刊載了自己不願意公開發表的個人照片，於是寫信給報社：「今後請不要再刊載那張照片，因為我的母親會很難過。」

那位政治家訴諸的是所有人對母親的情感。

另外，某實業家要求報社的攝影師不要拍攝自己子女的照片，這時他也不是直接跟攝影師說「不要拍我小孩的照片」，而是訴諸大家都不希望傷害孩童的群眾情感，他說：「有孩子的人一定能夠了解我的感受，把孩子放在聚光燈底下並不是件好事。」

當然，這種方式未必適用於所有狀況，也不一定對所有人都有效。但仍然有值得一試的價值。

135 激發競爭心理

廠長為了低迷的業績而困擾不已，偉大的實業家查理斯•夏布向他問道：「你明明是個很有能力的管理人才，為什麼工作業員就是無法達成績效呢？」廠長回答：「我不知道。不管怎麼斥責，就是得不到成效。」

於是，夏布就問日班的作業員：「今天已經做了幾次熱處理呢？」答案是「六次」，他就用粉筆在黑板上面寫下大大的「6」。晚班的作業員得知後，被激起競爭心理。

隔天早上，夏布向晚班作業員提出相同的問題，答案是「七次」，他就用粉筆在黑板上寫下大大的「7」。日班作業員看到數字之後，競爭心理受到刺激，便進一步提高生產力，在黑板上寫下大大的「10」。就這樣，工廠整體的生產力馬上大幅提升。

夏布說：「若要提高生產力，與其增加薪資，不如激發作業員的競爭心理；最重要的是，要點燃他們希望自己比他人更優秀的渴望。」

136 鼓舞激勵

如果沒有受到鼓舞激勵，狄奧多・羅斯福應該就不會爬上總統大位吧？在美西戰爭期間，他是戰場上十分活躍的騎兵隊隊員。從古巴回國之後，他被推派為紐約州長的候選人，但反對派的人們卻挑他毛病，說他「不是紐約的居民」。這讓他變得膽怯而考慮退出競選。

不過被稱為參議院大人物的湯瑪斯・普拉特（Thomas Pratt）卻說：「居然為這種事而退縮，美西戰爭的英雄其實是個儒夫嗎？」這番話使他鼓起了勇氣。這一番鼓舞激勵不僅改變了他的人生，同時也給美國的歷史帶來了莫大的影響。

137 訴諸追求卓越的願望

紐約的阿爾·史密斯州長為了新新監獄❽的典獄長職務而煩惱不已。他找來在其他監獄擔任典獄長的路易·羅斯，他說：「你願不願意負責新新監獄的管理業務？我需要一個經驗豐富的人才。」

羅斯十分猶豫。因為他知道新新監獄是全美屈指可數的危險場所，那裡的典獄長經常輪替。考量到今後的資歷，他不想冒這個風險。

州長微笑著說：

「如果你會害怕，那也是沒辦法的事。畢竟那裡是個相當嚴峻的場所，如果不

❽新新懲教所（Sing Sing Correctional Facility），美國紐約州矯正與社區安全部所轄的最高設防監獄。

是才能出眾的人，根本沒辦法勝任。」

州長向對方暗示這是個挑戰，而羅斯也希望成為「才能出眾的人」，因而決定接受挑戰。就這樣，他接下了新新監獄典獄長的職務，並且成績卓越。

訴諸追求比他人更加卓越的願望，對勇敢的人來說是十分有效果的。

138 給予對方挑戰的機會

大型輪胎公司泛世通（Firestone）的創始人哈維・費爾斯通（Harvey Firestone）說：「據我所知，吸引、留下優秀人才的方法，靠的不光是支付薪資，而是必須給予他們挑戰的機會。」

有上進心的人會尋求任何挑戰的機會。換句話說，就是自我表現、證明自我價值的機會。只要在工作上給予挑戰某些事物的機會，人們就會興緻勃勃地做出成果。

順道一提，在各個地區舉辦的各種音樂、繪畫比賽，或是各種運動競賽，都是為了給予人們挑戰的機會，讓自己感受到自我價值的存在。

4

如何在不招致反感的情況下改變對方

139 表達不愉快之前，先讚賞對方

人在獲得讚賞之後，通常會比較容易接受逆耳的指責。

共和黨的總統候選人威廉・麥金利必須告訴某個黨員，他幫自己撰寫的演講稿有些部分不符合他的需求。但麥金利既不希望傷害到黨員的自尊心，又不想澆熄他難得的熱忱，於是他這麼向對方說：

「這篇演講稿寫得很棒、很出色，恐怕再也沒有人能寫出這麼精彩的演講稿了。許多場合都很適合採用這一篇演講稿，但這次的情況或許稱不上完全適用。就你的立場而言，這個論述或許正確；但我也必須考慮到黨的立場。是不是能請你依照我提供的方向，稍微修正一下演講稿呢？」

結果，那名黨員不僅沒有半點受到冒犯的感覺，反而還十分樂意地遵從麥金利的指示。

140

如何在一瞬間擄獲人心

實業家查理斯・夏布在午休時間巡視鋼鐵廠，結果看到數名工人站在「禁菸」標誌旁邊抽菸。

夏布是否會指著那個標誌，憤怒地斥責：「你們不識字嗎？」完全沒有。他只是走向工人，遞給每人一根菸說：「抽菸的時候，拜託你們到外面去吧。」

工人對於自己違反規則，又被老闆發現的事情，感到十分愧疚。但夏布卻沒有半點責備，反而還貼心地贈送小禮物給他們，不著痕跡地展現出對他們的重視。所以工人對夏布相當服氣。採取這種完美處置的溫柔人物怎麼能讓人不敬愛呢？

141 要求對方注意時，先自曝過去的失誤

數年前，我的姪女約瑟芬表示，希望能來紐約擔任我的祕書。當時當時她才從高中畢業兩三年，幾乎沒有實務經驗。現在她已經是位十分出色的祕書，但剛開始時曾經相當生澀。

某天，我原本打算指責她的失誤，但在那之前，我先在內心自問自答了一番：「等一下！雖然你現在的經驗十分豐富，但回頭看看自己二十歲左右的樣子吧！不也曾經發生過許多次丟臉的失誤嗎？」

最後我得到的結論是，現在的她已經比當時的我優秀許多了。於是，從那之後，在指責她的錯誤時，我會採取這樣的說法：

「雖然妳犯了錯，但我年輕時期犯下的錯誤更是嚴重。所以我沒有資格責備妳，不過妳不覺得這麼做會比較好嗎？」

要求對方注意時，先自曝自己過去的失誤，謙虛地承認「自己也不是完美的人」；如此一來，對方就比會比較願意接受你的指正。

142

以提議取代命令

前幾天，我和傳記作家艾達・塔貝爾女士（Ida Tarbell）對談時，聊起如何和人相處的問題。頗負盛名的歐文・揚是個實業家、律師，同時也是名外交官，在幫他編寫傳記時，她採訪了和他共事三年的人物。

那位人物表示，揚從不會指使他人，他總是以提議取代命令。也就是說，他不會命令他人「這麼做、那麼做」，或是「別做這個、別做那個」，而是會以提議的方式說：「這麼做如何？」或是「搞不好這麼做會比較好。」

對於自己口述的信件，他會詢問祕書「妳覺得如何？」而對於祕書寫出的信，他則會提議「這麼寫應該會更好一點」。他不會命令祕書，而是會親自給予機會，讓對方在錯誤中學習成長。

這種做法既不會傷害到對方的自尊心，同時又能滿足對方的自尊心；所以對方會樂意主動協助，不會產生反抗的心態。

143 不可羞辱對方

不可以羞辱對方。對於這一點，不論再怎麼強調都不為過。儘管如此，卻很少人會去考慮到這個問題。

為了讓事情發展如自己所願，我們總是不自覺傷害對方的自尊心、蠻不在乎地抱怨、用嚴苛的話語威脅，又或是在人前斥責孩子或是下屬。

但如果我們能稍微考慮一下對方的立場，應該就不會做出那樣的事。無論在何時，我們都必須設身處地為對方著想，不要踐踏對方的顏面。

144

費心維護對方的尊嚴

數年前，奇異公司面臨一個把功臣調離經理職務的棘手問題。他在電氣相關業務上發揮他天才般的手腕，但在業務部經理的職務上卻完全無用武之地。然而，公司的經營團隊不能讓功臣蒙羞。對公司來說，他是不可欠缺的人才，但他的個性卻十分敏感脆弱。

於是，經營團隊賦予他一個「顧問工程師」的全新頭銜。不管怎麼說，那原本就是他負責的工作；但這麼做之後，就可以把業務部經理的職務轉交給其他適任者。

他個人相當滿意。

經營團隊也相當滿意。這樣既能維護功臣的顏面，也能夠讓公司的營運更加順暢。

145

維護輸家的尊嚴

真正的大人物不會只欣喜於自己的勝利，同時也不會忘記維護對方的顏面。舉個具體的例子來說明吧！

一九二二年，歷經數世紀的激烈對立之後，土耳其軍隊終於成功把希臘軍隊趕出自國的領土，做出勝利宣言。希臘的將軍投降時，土耳其的民眾吶喊著懲罰宿敵。

然而，土耳其的穆斯塔法•凱末爾將軍（Mustafa Kemal，之後成為土耳其共和國的首任總統）並沒有採取那樣的態度。他十分體恤希臘的將軍，對他說：「你肯定很疲累吧！即使是偉大的人物，偶爾也會在戰爭中失敗。」

即使凱末爾將軍擊敗了宿敵，贏得了全面的勝利，仍然不忘體恤敗軍之將，維護對方的顏面。

146 不在人前斥責他人

許多人會在人前蠻不在乎地斥責下屬、孩子或是另一半，但這是非常不可取的行為。因為只要在別人面前遭到斥責，不論是大人或是小孩，都會感到顏面掃地。當對方遭受羞辱，感到顏面盡失，就會對你產生反感，試圖把自己的行為正當化吧！

只要能稍加顧慮，只在一對一的情況下加以斥責，就能為對方保留面子。之後只要稍微注意講話的方式，對方就能更坦率地聽進你說的話。正因為需要對方的協助，所以更必須堅守人際關係的原則。

147 只要有些許進步，就給予對方讚美

我的朋友彼得・巴羅是馬戲團的旅遊藝術家。我很喜歡看他訓練小狗的樣子。每次教小狗才藝，只要小狗有一點點進步，他就會開心地撫摸小狗，讚美小狗「很棒」，然後給小狗一點飼料當作獎勵。

這當然不是什麼全新的技術。訓練動物的人從很久以前便在使用這種技巧。既然如此，為什麼不能把相同的技巧運用在人類身上呢？為什麼不用糖果來取代皮鞭？為什麼不用誇獎來代替責罵呢？

只要對方有一點點進步，就試著給予讚美吧！對方心情變得更好之後，應該就會更加進步。

148 讚美話語的驚奇力量

如同名留青史的偉人們必定曾經歷過的那樣，在無名的時代裡，任何人都曾有被讚美的經驗。

讚美你的人或許是父母、兄弟，也或許是朋友、認識的人、上司、老師，或是陌生人。不管怎麼說，某人的讚美會成為一個契機，讓我們找回失去的自信，更進一步地努力，做出一番成績。

在各位身邊，是否有人因為人生不順遂而陷入低潮呢？那就讚美、鼓勵他們吧！讚美的話語擁有讓人更加壯大的驚奇力量。

149 以讚美取代責罵，才能使人成長

在紐約關押邪惡罪犯的的新新監獄，那裡的路易•羅斯典獄長發現，就算囚犯只有一點點進步，只要誇獎他們，教化成果就能有所提升。

他寄給我的信裡面這麼寫著：

「我發現只要適當獎勵囚犯們的努力、巧妙地誇獎他們，就能更有效地獲得他們的協助，給予他們改過自新的動力，效果遠勝於嚴厲斥責。」

雖然我沒有去過監獄，以後也不可能會去；但仔細回顧過去的人生，我深刻感覺到讚美確實是開啟人生的契機。你的人生應該也相同吧？

150 總而言之就是讚美

有人可能在獲得讚美後得意忘形，不再繼續努力，也有很多人基於這樣的理由而不願意給予讚美。不管對方是下屬、員工、另一半、還或是學生，他們總認為責罵才能讓對方更加努力。這真是個要命的誤會。

對方一旦遭受責罵，就會感到反感，失去衝勁。人類的本質就是如此。

那你又是如何呢？

你會在被讚美後心情變好，想更加努力；還是在被責罵後，才會變得更想努力呢？你人生中碰到的所有人，都是充滿情感的生物，而不是絕對理性的生物。所以即使你再有道理，對方一旦遭受責罵就會心情低落，也就不會樂意努力。不論接觸任何立場的人都一樣，請把這件事銘記於心。

151 在母親鼓勵下成為偉大歌手的人物

曾經有個十歲的少年在義大利拿坡里的工廠工作。他希望成為偉大的歌手，擺脫貧困的生活，但他的第一位老師貶低他說：「你唱歌不好聽。聲音都沒放出來，根本不能聽。」讓他徹底失去自信。

不過少年回家後，母親緊摟著他說：「你肯定能成為很棒的歌手。」這一番鼓勵讓他重新找回自信。因為母親看得到自己的兒子穩定地持續進步。母親從微薄的收入裡拿出一部分的錢支付學費，讓少年去其他老師身邊學唱歌。

多虧母親的鼓勵，少年才能開創出全新的人生，最終成為歌劇史上十分知名的男高音歌手。他的名字就是恩里科・卡魯索（Enrico Caruso）[9]。

[9] 義大利知名男高音歌唱家，被譽為有史以來最知名的男高音。

152

在讚美下成為國民代表作家的人物

倫敦曾經有個以作家為志向的年輕人，但他的境遇卻十分坎坷。他只受過四年的學校教育，父親更因為無法償還債務而入獄。甚至，他還必須隨時忍受飢餓的痛苦。

後來，他好不容易找到了倉庫的工作，工作環境卻十分惡劣。晚上他會和其他兩名少年一起窩在貧民窟的陰暗閣樓裡睡覺。

他對自己的才能缺乏自信，所以為了不被嘲笑，他總是等到三更半夜才跑出去偷偷寄出作品。雖然每一部作品都遭到退稿，但堅持到最後，終於有一部作品被採用了。雖然沒有拿到稿費，但卻有一位編輯讚美了他的才能。好不容易得到的認同，令他感動得淚流不止，他就這麼一邊流淚，一邊漫無目的地走在街上。

那部作品的問世成了契機，改變了他的人生。如果沒有那位編輯的讚美，或許他會一直在倉庫裡工作，就這麼默默無名地終其一生。他就是英國知名的國民作家——查爾斯・狄更斯。

153 被讚美後從絕望中振作，進而成為大作家的青年

有位在倫敦雜貨店當店員的青年。他必須每天早上五點起床，打掃店面，一天工作十四個小時。因為工作實在太過辛苦，所以他十分討厭這份工作。

兩年之後，青年終於受不了了，他去找在遠方從事管家工作的母親，哭著說：「如果再繼續做這樣的工作，我寧願死了算了。」他甚至還寫了一封長信給母校的校長，說他十分絕望，幾乎快失去活下去的勇氣。結果，校長讚美他的文筆，聘僱他到學校任教。

青年得到了校長的讚美，找回了活下去的勇氣。之後，他投入作家的行列，陸續發表了《時間機器》（The Time Machine）、《世界大戰》（The War of the

Worlds）等暢銷科幻小說，身價百萬。他的名字就是赫伯特・喬治・威爾斯（Herbert George Wells）。

154

讓人改變的魔法力量

談談改變一個人的話題吧！如果我們可以發掘對方的潛在才能，肯定可以像字面上寫的那樣，徹底改變一個人。

這麼說一點都不誇張。跟大家分享一下，在哈佛大學擔任教授的偉大心理學家威廉・詹姆士的名言吧！

「如果和應有的狀態相比，我們的能力只不過覺醒一半而已。人類擁有各種平常沒發揮出來的力量，但卻生活在比自己的極限更狹小的範圍裡。」

說得一點都沒錯。你的身體裡蘊藏著平常從未用到的多種能力。其中一個能力就是讚美、激勵他人，讓人發掘更多可能性的魔法力量。

如果要在不招致反感的情況下改變他人，那即使對方只有些微進步，也要真誠且毫不吝嗇地給予讚美。對方心情開闊之後，肯定會更進一步努力。

155

在對方身上加諸期待

如果你希望讓人在某方面有所提升，只要想辦法點出對方早已經具備的特定資質就可以了。

只要點出本人早已具備、你所期望的資質，對方就會為了不想讓你失望、為了呼應你的期待而拚命努力。

對於領導管理的祕訣，鮑爾溫機車廠（Baldwin Locomotive Works）的老闆塞繆爾・沃克雷（Samuel Vauclain）是這麼說的：

「當尊敬的人在某些方面給予自己高度肯定時，大部分的人都會樂於呼應期待。」

156 相信對方是正直的人

「你是個正直的人。」當自己被人這麼說的時候，無論是什麼樣的人，即使是小偷，都會努力維護自己的信用。

新新監獄的路易•羅斯典獄長是這麼說的。請注意，監獄典獄長的這番話可不是開玩笑。

「如果非得和詐欺犯打交道不可，只有一個方法可以讓自己居於優勢。那就是讓對方認為他是個正直的人。對方應該會因為受到信賴而感到光榮，進而努力呼應期待。」

157 賦予對方頭銜和權力

大型印刷公司的老闆溫特必須在不招致反感的情況下，改變機械工程師的工作態度。機械工程師抱怨「工作時間太長，工作量也很多」，但老闆並沒有改變工作條件，只是賦予他「服務部門負責人」的頭銜。

機械工程師很滿意這個充滿威嚴的頭銜，不再繼續抱怨。

或許有人認為這樣的做法十分幼稚。不過，拿破崙當初訂製法國榮譽軍團勳章（Légion d'honneur），然後頒發出一千五百枚給軍人，同時把十八名將軍任命為「法國元帥」的時候，也曾遭受「做法幼稚」的批判。

尤其是頒發多達一千五百枚法國榮譽軍團勳章這件事，更是惹來非議。「現在頒發那種玩具給身經百戰的軍人，到底是想怎樣？」拿破崙回答：「人就是想要那樣的玩具。」

賦予人們頭銜和權威的做法，不光是拿破崙，對你來說也能湊效。

158

馴服不良少年的方法

某位女性因為自家門前的草皮遭不良少年破壞而大傷腦筋。她嘗試過斥責、勸導，但是卻完全沒用。於是她決定給他們當中最壞的少年一個頭銜，並賦予他權力。她稱那名少年為「警察」，請他負責取締非法入侵草皮的人，問題馬上獲得解決。

這個經驗十分顯而易見吧！就是賦予對方頭銜，促使他順從你的願望。這便是最符合人類本質的有效做法。

159 給人好印象的祕訣

最近，某份報紙上刊載了一篇徵才廣告：「尋找具有特殊能力和經驗的人才。」名為查爾斯・庫貝利斯的人物投出履歷後，收到了安排在幾天後的面試通知。於是，他事先調查了老闆的相關事蹟，在面試的時候說：「如果能在經驗豐富的老闆身邊工作，那將是我的無上光榮。聽說二十八年前創立初期，公司只有您和事務員兩個人。」

大部分的成功人士都喜歡在人前談論年輕時期的創業辛勞。這位老闆當然也不例外，他自豪地談論自己當初如何靠著微薄的資金和獨創的點子創業，如何克服接二連三的挫敗和世人的嘲笑，不分周末、假日，每天辛勤地工作十二小時至十六小時，最終才在業界掙得一席之地。最後，在向庫貝利斯詢問了一些相關資歷後，老闆便對總經理說：「好！就決定錄取這個人了。」

庫貝利斯不僅事先調查了老闆的豐功偉業，展現出對老闆本人的高度興趣。甚至還在面試時專注聆聽老闆的談話，所以才能給人好印象。

160 立於他人之上

老子是生於西元前五世紀的中國聖人，他闡述謙卑重要性的智慧，或許至今仍讓人受用無窮。

無數的溪流之所以會流入江海，是因為江海比溪流更處低窪。正因為如此，江海才能君臨於無數的溪流。同樣地，若期望居於他人之上，就必須置身於他人之下。聖人立於人上，人卻不會感受到半點沉重，便是因為如此[10]。

[10]「江海所以能　百谷王者，以其善下之，故能　百谷王。是以欲上民，必以言下之。欲先民，必以身後之。」——老子《道德經》六十六章

5

如何化敵為友

161 巧妙表達讚美，化敵為友

年輕時期的班傑明・富蘭克林希望被選為州議會的書記，但議會裡的有力人士卻十分討厭富蘭克林。

富蘭克林必須討好那名男性才行。為此，他做了些什麼呢？

他並不是向那名男性阿諛奉承，這樣只會令人心生疑竇。富蘭克林是去請求那位男性的協助。

他知道那名男性有一本非常珍貴的書，於是便寫信給他，表示很想拜讀那本書，希望能夠借他幾天。

書馬上就送到了，富蘭克林在一週後把書送還，同時十分禮貌地附上一張謝卡。之後，富蘭克林首次在議會與那名男性交談，對方便相當熱情。從那之後，那名男性不論碰到什麼事情，都十分樂意幫助富蘭克林。

富蘭克林對那名男性的藏書表達讚美之意，充分滿足了對方的虛榮心，巧妙地取悅了對方。這種做法成功奏效，敵人因而成為他的夥伴。

162

滿足對方的自尊心，讓對方敞開心扉

販賣水管的阿爾伯特・安塞爾希望取得某個水管工人的訂單，但那名水管工人完全不願搭理他。

安塞爾的公司預定在那名水管工人工作的皇后區開設分店。

某天，安塞爾去拜訪那名水管工人，他說：

「我今天不是來推銷的。如果方便，有件事想拜託您。我想在皇后區開設分店，知道您相當熟悉這個地區，所以想請教您是否有更好的對策。」

結果，那位水管工人點點頭，花了一小時的時間向他說明皇后區這個地方，贊同他在該地區開設分店，還告訴他挑選地段及採購的方法。安塞爾因而和那名水管工人成了好朋友，同時也獲得大量的訂單。

滿足對方的自尊心，就是能帶來如此戲劇性的變化。

6

如何營造圓滿家庭生活

163 相互讚美

英國政治家班傑明・迪斯雷利在三十五歲的時候，和年長她十五歲的資產家遺孀瑪麗・安妮（Mary Anne）結婚。當時，迪斯雷利因為事業和投資失敗而破產，所以大家都認為他是為了瑪麗・安妮的財產，但他們倆人的婚姻生活卻十分恩愛，跌破眾人的眼鏡。

雖然瑪麗・安妮是未曾受過教育，但卻十分懂得馭夫之術。她三十年以來總是不間斷地讚美自己的丈夫。

當迪斯雷利疲累回家後，瑪麗・安妮會當他的談話對象，撫慰丈夫的心。當瑪麗・安妮出錯時，迪斯雷利不會有半點批評，始終把妻子視為自己人生當中最重要的人。只要有任何人批評瑪麗・安妮，他便會用盡全力地維護妻子。

迪斯雷利總在人前說：「多虧我的妻子，我的人生才不會那麼無趣。」瑪麗•安妮也會跟朋友說：「多虧我丈夫的溫柔體貼，我的人生才會那麼幸福。」

迪斯雷利一輩子都把瑪麗•安妮看得比自己更重要。他爬上首相大位之後，還說服維多利亞女王將他的妻子列為貴族；而他自己，則是在妻子去世後才被列為貴族。

164

婚姻生活的成功祕訣

要擁有成功的婚姻生活，不僅僅在於找到一個對的人，而是自己必須成為一個對的人。

165

讚美妻子的手藝

在俄羅斯的帝制時代，上流階層有個在享用完美為晚餐後，將廚師喚到飯廳給予誇獎、讚美的習慣。

你不妨也在家中養成這種讚美妻子手藝的習慣。不要只是沉默地一口接一口，如果覺得料理任何美味之處，就應該毫不吝嗇地給予讚美。這不僅僅是餐桌上的禮儀，更是促進夫妻美滿的祕訣。

166

讚美女性的穿著打扮

許多男人都不怎麼在意自己的穿著打扮，但女性總是努力把自己裝扮得更美麗。男性應該讚揚女性為了美貌而做出的努力。

女性終其一生都對自己的穿著打扮抱持著濃厚的興趣，但男性往往都會忘記這一點。

我的祖母在數年前過世，享年九十八歲。她在晚年時期，把自己在三十多年前拍的照片拿給家人看。但因為祖母的視力嚴重退化，看不太清楚，所以就希望我們告訴她，照片中的自己究竟穿著什麼樣的衣服。

雖然她已經是個終日臥床、年近百歲的老太太了，但她仍然很在乎三十年前的自己的裝扮。當時在她身邊看到這樣的景象，令我十分印象深刻。至今仍然無法忘懷。

167 送花給你的妻子

自古以來，花就被賦予各種不同的花語。反正也花不了太多錢，不如就到鄰近的花店，買束花回家吧！不需要等什麼特別的機會。

為什麼許多丈夫都不會送花給妻子呢？明天晚上，試著送對方一束玫瑰花吧！保證你們之間會有一段無法想像的奇妙發展。

女性很重視生日或紀念日，原因永遠是個謎；但不管如何，男性絕對不能忘記那些值得紀念的日子。

168

婚姻生活是一連串的瑣碎小事

處理過約四萬件離婚訴訟，讓兩千對夫妻和解的法官這麼說：

「夫妻不睦的原因大多出自瑣碎小事。光是早上丈夫外出工作時，妻子揮揮手送丈夫出門，就可以預防好幾樁離婚事件。」

這不光是女性的問題。有太多的男性總是忽略那些小小貼心的價值。

長遠來看，婚姻生活就是一連串的瑣碎小事。一旦忽略這個事實，對夫妻來說，婚姻生活就會成為痛苦的根源。

169

對另一半也要以禮相待

無禮的態度會破壞人際關係，這個道理任何人都知道。但遺憾的是，我們雖然總是以禮待人，卻時常忘記也要有禮對待自己的另一半。

例如，就算別人過去曾經說過相同的話，我們也不會說：「怎麼又是這件事？上次講過了啦！」但我們卻會因為這種小事而挖苦另一半。

雖然作家老奧利弗・溫德爾・霍姆斯（Oliver Wendell Holmes）曾寫過一本名為《早餐桌上的獨裁者》（The Autocrat of the Breakfast Table）的散文集但他絕對不是家庭裡的獨裁者。即使心情沮喪的時候，他也會體貼另一半的感受，選擇不講出來；他認為自己一個人承受痛苦就足夠了，不希望讓另一半有更多負擔。

但大部分的人又會怎麼做呢？業績沒有起色，或是遭上司責罵時，一回到家大多數人一回家就把滿腔怒火或不滿發洩到另一半身上，這就是現在的情況。

170

婚姻生活中的禮儀

神職人員亨利・克萊（Henry Clay）表示，所謂的禮貌就是不去看壞掉的門，而是去關注門後盛開的花朵。

這種禮儀是婚姻生活中的絕佳潤滑劑。

171 幸福的婚姻生活並非偶然的產物

奧利佛・巴特菲爾德牧師（Oliver Butterfield）在擔任十八年的神職人員之後，成為家庭諮詢中心的所長。根據他長年的經驗，他是這麼說的：

「很多夫妻雖然沒有走到離婚地步，但是卻陷入同床異夢的局面。他們就像是生活在地獄一般。幸福的婚姻生活絕對不是偶然的產物，必須有縝密的計劃才行。不過，對婚姻生活來說，比起毫不考慮地有話直說，多體貼、考慮對方才是最必要的。」

172

體貼對方

詩人埃德娜・聖文森特・米萊（Edna St. Vincent Millay）用兩句簡單的話，簡潔表現出婚姻生活是一連串瑣碎小事的事實。

「愛情消失並不痛苦。
因為小事而使愛情消失才令人難受。」

這首詩值得銘記於心。

現在平均每十對夫妻，就有一對夫妻離婚。其中又有多少對是真正因為悲劇才離婚的呢？應該相當微乎其微吧。

只要問問訴請離婚的男女就可以知道，許多夫妻都是像米萊說的那樣，「因為小事而使愛情消失」。

173
重視每一個瞬間

「現在的這個瞬間只有一次，不會再有第二次。所以，請儘可能溫柔對待另一半吧！不要拖延、不要怠惰，現在就馬上付諸行動。因為這個瞬間不會再有第二次。」

只要把這句標語寫在紙上，貼在牆上就行了。若要擁有幸福的夫妻生活，就必須留意生活中的瑣碎小事。

174

考慮對方的心情

我們總是不在乎對方的感受。許多男性都不會用激烈的口吻斥責顧客或同事，但是卻可以毫不避諱地對妻子吐出粗暴言語。

但如果男性希望擁有幸福的人生，比起工作，更應該在婚姻生活上多加留意，那才是最重要的。

175 結婚後也別忘了禮貌

世界級的指揮家華爾特・達姆羅許（Walter Damrosch）和擔任國務卿的政治家詹姆斯・布萊恩（James Blaine）的愛女瑪格麗特結婚，擁有人人稱羨的幸福人生。

他的祕訣是什麼？

瑪格麗特夫人這麼說：

「慎選另一半是最重要的，其次重要的是，結婚之後仍不可以忘記禮貌。妻子應該隨時對丈夫以禮相待。碰到成天嘮叨的女性，任何男人都會想逃跑。」

這些不光是對女性，對男性來說，同樣也是值得銘記的重點。

另一半如果不斷嘮叨、碎念，愛就會被破壞殆盡，這一點不管誰都知道。但我們明明會對陌生人展現禮貌，卻往往忘了對另一半有禮。

176 衷心感謝另一半

前幾天，知名的喜劇演員埃迪•康托爾（Eddie Cantor）在接受採訪時說了這麼一段話：

「我會有今天這番成就，全都得感謝我的妻子。從年輕時期開始，她就是我的摯友，幫助我成為一個有趣的人。五個孩子也都是拜她所賜，是她給了我一個如此美好的家庭。我一切的成功，全都是她的成就。」

奧斯卡演員沃納•巴克斯特（Warner Baxter）也一樣，在好萊塢過著難得的幸福婚姻生活。他的妻子溫尼弗雷德•布萊森（Winifred Bryson），為了婚姻而放棄了舞臺劇演員的華麗生涯。沃納•巴克斯特這麼說：

「雖然妻子失去了在舞臺上接受掌聲的機會，但我會在家裡隨時給她喝采。讓丈夫要不斷讚美妻子，而且要堅持無私的奉獻精神，這就是在婚姻生活中彼此獲得幸福的條件。」

177 比起工作，婚姻的成功機率更高

在婚姻生活中獲得幸福的可能性有多少？

據某位社會學家表示，婚姻生活的成功機率高於男性全心投入的任何事業。開雜貨店的男性，有七成都會失敗；但踏入婚姻生活的兩人，只要稍加留心，就有七成會成功。

儘管如此，還是有許多男性不願意認真為自己的婚姻生活而努力，實在有點可惜。

178

不要總把心力花費在工作上

記者朵洛西・迪克斯這麼說過：

「世上的男性願意把心力投注在事業的成就上，但卻不願意把相同的心力貢獻於家庭的圓滿上，女性無法理解這一點。

對男性來說，與深愛的妻子和平共組幸福家庭，明明比創造百萬財富更有意義；但卻幾乎沒有男性會為了打造成功的婚姻生活而認真努力。世上的男性總是將人生中最重要的事情放任不管，認為能否建立美滿家庭全憑運氣而定。」

179 在家裡不抱怨

迪斯雷利和格萊斯頓（Gladstone）兩位代表大英帝國的首相，雖然曾在議會上針對各項議題激烈辯論，但他們各自的家庭都是幸福洋溢。

格萊斯頓被視為政界中最令人畏懼的論敵，但他在家裡從不抱怨妻子。

俄羅斯女皇葉卡捷琳娜二世也一樣，她會隨時提醒自己別在家裡抱怨或嘮叨。她手上握著數千萬人民的生殺大權。在政治上，她是個冷酷的暴君，發動不必要的戰爭，還將許多敵人槍斃。但在家中，就算廚師把肉煮焦了，她也不會責罵半句，反而是持續面帶微笑地用餐。世上的一家之主們應該向她學習她在家裡的態度。

180

責罵孩子之前

當你想責罵孩子的時候，先試著閱讀這篇文章吧！這是某位父親誠心寫下的反省文：

「深夜，爸爸偷偷溜進你的房間。現在，看著你熟睡的臉龐，我的內心十分愧疚。

爸爸經常對你發脾氣。一有什麼事就會斥責你。

例如，吃早餐的時候，爸爸不斷碎碎念，要你吃飯時別把手肘放在桌子上，或是唸你沒有細嚼慢嚥、奶油塗得太厚之類。

爸爸出門的時候，你揮揮手，笑著對我說『路上小心』；可是，爸爸卻斥責你，要你『給我抬頭挺胸站好』。

為什麼爸爸總是忍不住愛碎念呢？你明明是那麼棒的兒子。爸爸很愛你。我答應你，明天開始我不會再碎碎念，努力當個好爸爸。」

181

體貼年邁的母親

百老匯的知名演員喬治•科漢（George M. Cohan）就算工作再忙，仍絕對不會遺漏掉某件每天必做的事情。

那就是每天一定會打兩通電話給母親。這個習慣一直持續到他母親過世的那一天。

他打電話並不是有什麼特別的要事。他只是想讓母親不斷聽到自己的聲音，讓母親知道他很在乎她、想讓母親開心而已。

編譯者後記

戴爾・卡內基是美國聞名全球的自我啟發權威，他所撰寫的經典名著《卡內基溝通與人際關係：如何贏取友誼與影響他人》，相信應該有許多人都拜讀過。

這次的內容和日本國內長期銷售的一九八一年修訂版略微不同，由於「Discover 21」希望把一九三六年發行、已是公共財的初版版本，彙整成更淺顯易懂的精華版本，於是便決定以「超譯」的形式進行出版。

這本書適合下面三類讀者閱讀：

1. 希望在職場、學校、家庭、地方建立良好人際關係的人
2. 希望在工作上取得優異成績，實現加薪升遷願望的人

3. 希望與親密的人或完美異性共度快樂時光的人

單靠這麼一本書就能夠產生這麼大的效果，簡直就像做夢一般；但不論東方或西方，全世界各年齡層的讀者都這麼說：「卡內基的方法真的十分有效，而且於公於私都能派上用場。」也有不少人深感遺憾地說：「如果可以早點學會就太好了。」如果可以，請各位讀者務必藉著這個機會好好體驗一番。

另外，創元社和新潮社都有《卡內基溝通與人際關係：如何贏取友誼與影響他人》的翻譯本，有興趣的人也可以閱讀。

最後，衷心感謝「Discover 21」的藤田浩芳小姐提出這麼有意義的企劃。

編譯者記

超譯卡內基

溝通與人際關係的 181 則箴言
超訳 カーネギー 人を動かす

原著　戴爾．卡內基
編譯　弓場隆
中譯　羅淑慧
執行編輯　顏好安
行銷企劃　李雙如、劉妍伶
封面設計　江孟達
版面構成　賴姵伶
發行人　王榮文
出版發行　遠流出版事業股份有限公司
地址　臺北市南昌路 2 段 81 號 6 樓
客服電話　02-2392-6899
傳真　02-2392-6658
郵撥　0189456-1
著作權顧問　蕭雄淋律師
2020 年 8 月 31 日　初版一刷
定價　新臺幣 300 元

ISBN　978-957-32-8792-6
遠流博識網　http://www.ylib.com
E-mail: ylib@ylib.com
（如有缺頁或破損，請寄回更換）

國家圖書館出版品預行編目 (CIP) 資料

超譯卡內基：溝通與人際關係的 181 則箴言 / 戴爾．卡內基著；弓場隆編譯；羅淑慧中譯．-- 初版．--
臺北市：遠流，2020.06　面；　公分
譯自：超訳 カーネギー 人を動かす
ISBN 978-957-32-8792-6(平裝)
1. 人際關係 2. 溝通技巧 3. 成功法
177.3　　109006757